一切为了学生自主发展

——小学教育的探索与创新

陆颖姝 / 著

上海社会科学院出版社
SHANGHAI ACADEMY OF SOCIAL SCIENCES PRESS

序

在酝酿这部书稿的时候，其实我有过犹豫："学生自主发展"显然是一个很大的教育课题，一所百年老校对这一课题的实践探索过程，我怎样才能清晰地陈述出来？用一个更具深度的总结？或是做一个"实践之路"的回顾……种种设想，都令我很纠结。

但是，浏览着手头梳理出的那么多实践资料，感受着师生们在教育教学中呈现出来的自主奋进的力量，还有这所百年老校近年来发展中迸发出来的勃勃生机……让我觉得，作为一名校长，有责任把自己的办学思考与实践记录下来。也许这些足迹显得那么微不足道，就像池水中的几道涟漪，但这是一种真实的存在。如果能抛砖引玉，给我们广大的教育同行带来些许启示与思考，那么对我而言，也是莫大的荣幸。

"学生自主发展"的办学实践也是源自一名教育管理者的初心与使命。当下，我们正处于一个快速变化、充满挑战的时代，新一轮的教育变革和创新不断涌现。在这样的背景下，我深知学校的使命不只是传递知识，更是培养学生的综合素养，特别是核心素养，发展他们的个性和潜能。因为党和国家需要的是一代具备优秀思考能力、创造力和自主发展能力的年轻人，而学校恰恰肩负着培养人才的重要使命。

潼港小学从注重"智育"到"德智双修",从"责任教育"到"自主活动",再从"自主活动"到"自主发展"……学校倡导践行的"学生自主发展"的理念,绝非无源之水,它的背景是一部真实的、奋进的学校办学实践的"发展史",是一部反映教师教育理念的"迭代史"。在梳理潼港小学的百年发展历程,与师生共同确立学校发展愿景的过程中,我清楚地感受到学校以往的发展脉络,并明确了学校未来的发展方向——学生自主发展。我是幸运的,学校以往的奋斗史孕育了"学生自主发展"的雏形;我是幸福的,师生家长的高度认同,让这一办学思想得以不断贯彻,形成了较为科学、贴近校情的框架体系,并在德育、课程、教学、教师等领域取得了成效,积累了经验。例如,通过加强体验,构建学生自知、自律、自强的自主向善德育之路;通过开发以基础型、拓展型、探究型为一体的"潼心课程",满足学生个性成长的自主需求;通过实施以自知、自觉、自律为目标的自主高效教学,引路育人,培养具备自我反思、自主学习、自主专业素养和教学研究能力的自觉主动型教师;等等。这一切,让"学生自主发展"不再是空中楼阁,而是成为全体潼港人的共同目标和有效抓手。

作为一名普通的小学校长,我没有太多精深的专业理论知识,有的只是一颗与师生共同奋斗的责任心、事业心,和对学生的仁爱之心。在这本书中,我将用平实的语言、丰富的案例和实践经验,详细介绍我们学校自主发展的学校实践路径,德育、课程、教学等领域的顶层设计和实施方法,自主型教师的培育方法,以及学校与家庭、社会的合作模式等方面的内容。例如,在"课堂教学"中,我们始终坚信每个学生都是独特的,每个学生都有自己的兴趣、潜能和发展方向。我们的目标是激发学生的学习动力和内在的求知欲望,培养他们的自主学习能力和创新思维。我们将他们作为学习的主体,为他们创造一个积极、开放、互动的学习环境，鼓励他们探索和发展自己独特的潜力；在"教师培育"中，我们强调了教师在学生自主发展中的重要角色，鼓励教师从学生实际出发，采用个性化的教学方法，激发学生的学习兴趣和自主参与；在"课程设计"中，我们注重培养学生的自主学习能力，使他们成为能够独立思考、自主解决问题的学习者；我们通过丰富多样的教育活动和项目，为学生提供了广阔的发展平台，促使他们在学术、艺术、体育等方面得到全面发展。作为一所小学，我们承担着培养学生终身学习能力和发展潜能的责任和使命。在这个过程中，我们愿意与家长、教师和社会形成紧密的合作伙伴关系，携手共进，共同构建学生自主发展的教育生态圈。

本书中阐述的经验总结和真实案例，不仅来自我作为校长的实践和探索，更来自我身边那些敬业的教师、热心的家长以及关心教育的各界人士的共同努力和智慧结晶。写作本书的过程中，有志同道合的忠实伙伴陪伴，有酸甜苦辣的真情体验，也有令人一度迷茫的"十字路口"。这一切，我认为都是教育工作者最宝贵的生命财富。终于，朴实无华的文字汇聚起来，形成这样一本书稿，用最真实的视角探讨学生自主发展的意义、方法和实践。我相信：她的出版不仅代表着学校的发展和进步，更是对学生自主发展的一次呼唤和探索。

"人生到处知何似，应似飞鸿踏雪泥。泥上偶然留指爪，鸿飞那复计东西。"人生，有时很有戏剧性。快完成这本书稿之时，我接到了调令，将奔赴另一所学校任职。虽有些遗憾，但依然庆幸自己能在工作之余有这样一次倾情而忘我的写作。浸润在百年老校的金色晨光中，我似乎又看见了向阳而生、不断攀登的绿色枝蔓，那种力量，坚定又神圣。

陆颖姝

2023 年 5 月

目 录

序 \1

第一章 全面自主发展，让学生成就独特的自己 \1

第一节 百年老校发展现状、优势和挑战 \1

一、从私塾到区域大校 \2

二、学校发展的两大优势 \3

三、学校发展面临的挑战 \5

第二节 学生自主发展的理论基础 \8

一、学生自主发展办学思想：实践中不断沉淀与深化 \8

二、学生自主发展时代背景：教育发展的新要求 \16

三、学生自主发展理论支撑：基于多学科的理论思考 \19

第三节 学生自主发展的办学图景 \23

一、学校办学理念 \23

二、学校办学目标 \24

第四节 学生自主发展的基本构想 \25

一、学生自主发展的内涵 \25

二、学生自主发展的框架体系："五自五会" \28

三、学生自主发展的学习活动 \31

四、学生自主发展的教师指导 \33

五、自主活动带给我们什么 \37

第二章 加强学生体验，构建自主向善德育之路 \39

第一节 自主向善德育的内容和目标 \39

一、自主向善德育的内容 \40

二、自主向善德育的目标 \41

第二节 自主向善德育的主要举措 \46

一、加强规则教育，培养学生自律守信的优秀品质 \47

二、积极开展团队活动，树立学生自主合作的团队意识 \53

三、依托校外实践，发展学生独立自主的劳动能力和生活能力 \57

四、搭建多样平台，提升学生自我完善的全面素质 \62

第三节 自主向善德育的主要成效与基本经验 \66

一、自主向善德育的育人成果 \66

二、自主向善德育的基本经验 \67

第三章 建设"潼心课程"，满足学生个性成长自主需求 \73

第一节 "潼心课程"：融合学校特色的自主课程 \73

一、"潼心课程"的基本要素：融学生自主发展于三类课程 \75

二、"潼心课程"的目标：学生自主发展 \78

第二节 建设"潼心课程"的主要举措 \84

一、拓展型课程：有效联系"学科课堂"与"自主活动" \84

二、探究型课程：以探寻地域资源魅力的"高桥之韵"
　　为例 \86

三、促进传统文化传承与创新，实施多样灵活课程 \92

第三节 "潼心课程"的建设成效和基本经验 \95

一、"潼心课程"的实施成效 \96

二、建设"潼心课程"的基本经验 \103

第四章　立足学生成长，实施自主高效教学 \109

第一节　自主高效教学的基本构成和目标 \109

一、自主高效教学的基本构成：自知、自觉、自律 \111

二、自主高效教学的目标 \112

第二节　自主高效教学的主要举措 \116

一、倡导主动学习，培养学生学习内驱力 \117

二、掌握学习方法，保障学生高效学习 \125

三、提倡个性化教学，激发学生学习兴趣 \130

四、促进师生交流，提高教学效率 \136

第三节　自主高效教学的主要成效和基本经验 \140

一、自主高效教学的主要成效 \140

二、自主高效教学的基本经验 \142

第五章　围绕引路育人，造就自觉主动型教师 \147

第一节　自觉主动型教师的基本特征和培养目标 \148

一、自觉主动型教师的基本特征 \148

二、自觉主动型教师的培养目标 \149

第二节　自觉主动型教师培养的主要举措 \154

一、梯队建设：分层培养，层层进阶 \155

二、自主学习：构建教师学习共同体 \159

三、教研合一：提升教师教科研水平 \166

第三节　自觉主动型教师培育的主要成效和基本经验 \171

一、自觉主动型教师培育的主要成效 \171

二、自觉主动型教师培育的基本经验 \172

第六章　"学生自主发展"办学体系的成效与展望 \179

第一节　"学生自主发展"办学体系成效显著 \180

一、德育工作成果丰硕 \180

二、个性化的"潼心课程"助力学生全面发展 \185

三、多样化的教学改革实践提升教师队伍素质 \191

四、教师育人科研成果多元化涌现 \195

第二节　学生自主发展办学的展望 \201

一、学生自主发展办学面临难得的时代机遇 \202

二、迎接挑战，努力办好人民满意的教育 \204

参考文献 \209

第一章
全面自主发展,让学生成就独特的自己

"万里长江口,扼春申而巡东海,三水夹而汇为清溪;千年高桥镇,传文化而光神州,百川纳而造就多元。"上海东北部有一座有着近千年历史的文化古镇——高桥镇,它有着"万里长江第一镇"美誉,上海市浦东新区潼港小学就是镇上的一所百年老校。

潼港小学有着悠久的历史文化、丰富的自然资源以及深厚的人文底蕴。多年来,潼港小学紧紧围绕学生自主发展的办学思想,以校园文化为抓手,营造良好的学校教育文化氛围,唤醒学生的自我发展意识,激发学生的自我成长内驱力,为学生可持续发展能力的提升提供强大的支撑。目前,潼港小学正在以更高远的历史站位、更深邃的眼光来办好现代化教育强校。

第一节 百年老校发展现状、优势和挑战

学校要获得持续良性的发展,不仅要坚持科学的办学理念,更要坚

持走内涵发展之路。① 而对于学校内涵发展来说，既要做到"承前启后"，不能脱离学校既往的成果，又要开创新的发展点，还要结合学校的特色，这样的发展才是对学校、师生最有益处的。② 否则，学校发展就是"无源之水，无本之木"。潼港小学这所始建于清末民初的百年老校，随着时代的变迁，在规范中求稳定，在稳定中求发展，正不断地焕发着新的生机。

一、从私塾到区域大校

潼港小学最早可追溯至清末民初的钟家弄私塾，旧称西学堂。钟家弄以钟姓聚族而居得名。抗战胜利后，钟家弄私塾改称清溪国民学校。

钟氏厅堂曾辟作私塾，执教者为钟玉麟，以其辈分较高，乡里咸称"九公公"。后私塾发展成小学，起初是复式班，仍在钟氏旧居。抗战胜利后，改名为清溪国民学校，赁钟家祠堂为校舍。③

钟家祠堂主人借出祠堂而成立的清溪国民学校，中华人民共和国成立后改为公办。1950 年，学校更名为上海市高桥区钟家弄小学，1979 年改为高桥中心小学。1998 年，高桥中心小学整体迁入清溪路 425 号，学校正式更名为浦东新区潼港小学。2004 年 8 月浦东新区上炼小学并入潼港小学。学校现有清溪路和大同路两个校区。

基于千年古镇——高桥镇悠久的历史文化，潼港小学围绕学生自主发展的办学思想，充分吸纳外部资源，深入挖掘内部发展潜力，学校管

---

① 王岚.学校发展规划的"此岸"与"彼岸"[J].中小学校长，2022（12）：43-47.
② 楚江亭.学校发展规划：内涵、特征及模式转变[J].教育研究，2008（2）：81-85，105.
③ 上海市浦东新区政协文史资料委员会，上海市浦东新区地方志办公室，上海市浦东新区地名管理办公室编.浦东老地名（上）[M].上海：上海社会科学院出版社，2007：144.

理、德育、课程、教学等诸多领域形成合力，共同引导、促进学生自主发展，提升发展水平，从而切实满足人民对公平而有质量的教育的迫切需求。潼港小学逐步形成了学生自主发展的办学特色，学校的办学品质因此不断提升。

学校现有教学班57个，学生2 202名，是浦东新区规模较大的小学之一。学校现占地面积21 254平方米（其中总部占地19 230平方米，分部占地2 024平方米），建筑面积12 779平方米（其中总部10 531平方米，分部2 248平方米）。

学校对标现代化学校建设标准，不断完善办学环境，备有"童星舞台"多功能厅、"童声天地"电视台录音棚、"童年时光"图书馆、"五星级妈咪小屋"、开放录播教室、安全体验教室、体育馆、电脑房、舞蹈室、音乐室、美术室、自然劳技室、心理辅导室等专用教室，力求建成便捷的"校园网络"，充分满足教师教学、学生自主学习的需求。

面对新形势下的新需求，学校面临诸多的内外部挑战，需要学校做出相应的改革与调整，才能跟上时代步伐，适应未来发展趋势。学校作为学生自主发展的责任主体，务必以人为本，树立学生自主发展的理念，采取相关的举措，培养学生自主能力，这是形成学校办学优势与特色的关键。

二、学校发展的两大优势

（一）制度建设与文化建设"双建设"治校

制度建设与文化建设并行治校。学校从2018年起，以创建市依法治校示范校为契机，对原有章程与制度做了进一步梳理与完善，修订形成了"教育教学类、资产财务类、人事管理类、学生招生类、后勤保障类、安全管理类"六大类校内制度体系。学校新立规章制度2件，修改7件，基本形成了良好的"废改立"的局面；我们设有各条线的工作小组与监督小组，建立起了学校领导与教职工之间的有效沟通桥梁，形成了良好的民主管理氛围。

同时，学校又依托制度建设，将文化治校进行到底。作为一座百年老校，在制度建设的基础上，学校全体教职工坚持以文化建设引领，逐步构建和谐校园新格局。

（二）从"教科研"兴校到课程体系的构建

2017年9月，区级课题"责任教育理念下小学生自主活动的实践探索"正式立项。学校以此为抓手，定期开展研究交流工作，各学科组根据研究内容确定相应研修主题。至今，学校一共16次邀请新区教育科研专家来校指导课题研究和论文撰写。围绕科研工作中产生的问题、困难，有针对性地开展了"小学生自主活动方案的编制""案例撰写与材料的收集"等系列专题讲座，解决了课题研究、实践过程中的问题。截至2020年10月，开展小学生自主活动102次，生成小学生自主活动案例36篇，关于自主课题的子课题论文36篇。在区、市等教育主管部门开展的科研评选活动中共计有12篇论文获得一、二等奖，其他途径发表的论文更是不胜枚举。2021年，学校专著《自主活动，自我成长》正式出版。学校科研氛围浓厚，青年教师参与课题研究的热情有增无减，"科研兴校"的举措使学校步入收获期。同时，课题研究也使得学校在加强课程的顶层设计中有了更坚实的实践基础。我们在夯实基础型课程的同时，开发丰富拓展型课程和探究型课程，并对三类课程进行了梳理和统一整理，初步构建了"潼心课程"体系。

三、学校发展面临的挑战

学生自主发展是新时代教育发展的新使命，而时代的发展为学生自主发展的办学思想提供了沃土。党的十九大报告明确指出，"我国社会主要矛盾已经转化为人民日益增长的美好生活需要和不平衡不充分的发展之间的矛盾"。[①] 这对教育提出了更高要求，学校发展面临内部和外部的双重挑战。

（一）内部挑战

1. 课程单一，多样的需求难以满足

对于小学生而言，艺术、体育和综合实践类课程往往比文化课学习更具吸引力，学校提供的课程越丰富，往往越能唤醒学生的需求。而潼港小学多年来重视国家课程的实施，而对拓展课程、探究课程缺少探索与实践。学校强调掌握科学文化知识的重要性，重视对学生掌握知识能力的培养，老师教的、学生学的和考试考的都局限于已有的知识。这种只重分数的教育，虽强化了学生的智力因素，却忽视了处世准则、责任心、意志、情感、表达和沟通能力、团队精神、学风等非智力因素；同时，也忽视了学生发展的多样需求，盲目追求统一。因此，学生学习兴趣下降，缺乏主观能动性，被动接受学校、家长安排的现象比较普遍。

2. 理念落后，学校的文化难以积淀

学校文化是一所学校综合实力的体现，更是一所学校长足发展的动

[①] 本书编写组.中国共产党第十九次全国代表大会文件汇编.北京：人民出版社，2017：9.

力与内涵发展的根本途径。[①] 学校文化中的精神文化，是学校持续稳定发展的基石，处于文化逻辑体系最高位置，是学校文化建设体系的起点和落脚点。学校文化品牌培育是学校文化浸润的过程，具有长期性。具有育人功能的学校文化才能保证学校教学质量，形成众人颂扬的口碑。[②]

而原先学校建设中对环境育人功能还缺乏认识、学习和探索，学校环境保持着20世纪90年代的面貌，名人画像和口号式的标语占据了大部分的墙面。班级环境同样如此，学习园地、黑板报是为数不多激励学生的阵地，但黑板报主题受限，学习园地又以学科表现为主。图书角、生物角的功能也较少使用……与现代育人环境目标相差甚远。

3. 协同不足，校区的差距难以缩小

2004年以来，潼港小学拥有两个校区，即清溪路校区和大同路校区，两校如何协同发展一直是历史遗留的难题。清溪路校区作为建于1998年的新校区，生源充足，师资结构较合理，硬件条件满足学校不断发展的需要。而大同路校区是一所老校，是原上海高桥炼油厂的子弟学校，规模小、环境局促、师资队伍年龄老化、设施陈旧，难以满足学校后续发展的需要。同时，两个校区的差距还在不断拉开，造成学校管理上的诸多难题。两个校区办学中协同发展的挑战，是我们面对的基本事实。如何充分利用两个校区的优势？如何在教学管理及文化建设上协调两个校区的发展？怎样更好地提高两个校区之间的沟通效率？如何在未来学校管理决策中平衡多种双边关系？如何统筹资源，促进两个校区协

---

① 田连启.学校品牌文化建设的实践探索［J］.教学与管理，2021，No.863（34）：11-12.

② 吴立宝，许亚桃，代俊华.学校文化建设的问题及对策［J］.教学与管理，2021（13）：11-13.

同发展，是潼港小学亟待探索的问题。

（二）外部挑战

1. 教育思想迭代的挑战

以往传统的教育模式注重灌输知识，但现在越来越多的人开始强调学生的实践能力、创新精神和合作能力的培养。应对这种变革，不仅需要转变学校的教育理念，更需要改变课程设置、教学模式和评价体系等方面。只有这样，才能更好地帮助学生适应未来的生存与挑战。

2. 学科联合探索的挑战

随着社会的不断发展，新的领域不断涌现，例如人工智能、物联网、区块链等。小学阶段同样需要培养学生应对跨学科挑战的能力。各学科不再是孤立的，新型的教学方式会创设具体而真实的情景，在解决现实问题的前提下，学科之间联系紧密，这就需要学校和教师对跨学科的新形态教学思想和模式有一个系统的认识，从而有效地指导实践工作。

3. 育人环境完善的挑战

学校建设的硬件设施，同样是学校面临的挑战。学校需要建设舒适、先进的校园环境，打造一流的硬件设施和先进的教学设备，来吸引和招收优秀的师资力量和学生，提高学校的影响力和声誉，也需要不断优化育人环境，重视对学生的人文关怀，打造宽松和谐的教学环境，让校园充满人文气息，使学生乐学而不疲。

4. 数字教学融合的挑战

当前，互联网教学模式突破了时间和空间的局限性，有利于学习者进行个性化的线上学习，共享优质课程资源；同时，也为学生的自主学习和合作学习，以及学校探索线上教学和线下教育相融合、改革传统的教学方式和手段提供了条件。教师的角色正在由知识的传授者转变为学习活动的设计者和引导者，与学生之间形成了新型的学习伙伴关系，这对传统教育提出了严峻的挑战。

5. 落实减负增效的挑战

中共中央办公厅、国务院办公厅于 2021 年 7 月下发了《关于进一步减轻义务教育阶段学生作业负担和校外培训负担的意见》（以下简称《双减意见》）。据此，我们清晰地认识到，学校的教学应该更快速地提质增效，从根本上满足学生多样化的教育需求，确保学生在校内学会、学足、学好，真正发挥好学校主渠道、主阵地的作用。这关键在于学校的教育要达到优质均衡，教学质量、效能要得到有效提升，这就对学校的教育创新和发展工作提出了全新和更高的要求。

第二节　学生自主发展的理论基础

在多年的发展历程中，潼港小学得地域之利，受文化之泽，谋发展之道，逐渐形成了自身的优势，为学生的自主发展打下了坚实的基础。多年来，我们顺应时代需要，基于实践，坚持教育改革，积极深化探究，切实把学生的自主发展能力视为一种原发性能力，而不仅仅是达成目标的手段，全面拓展学生自主发展工作的新思路。

一、学生自主发展办学思想：实践中不断沉淀与深化

潼港小学学生自主发展办学思想是在多次变革与发展中，不断实践、探究、反思、沉淀而逐步形成的。

（一）在提升学业质量中，探究对学生思维能力的培养

智育是教育者指导和促进学生掌握知识、习得技能、发展智能、培

养创新精神和创造能力的教育活动，是全面发展教育的重要组成部分。①随着时代的进步，学生需要学习和掌握的知识与技能也越来越多。在前期，潼港小学与诸多兄弟学校一样，十分重视智育，强调学生学习知识、掌握技能的重要性，并且通过课堂教学、课外活动和社会实践等途径为学生夯实学业基础。

课程是教育教学活动的基本依据，是实现学校教育目标的基本保证，是学校一切教学活动的中介。在课程改革中要特别关注课程结构和教学方法的改革。②为保证课堂教学的高质量，学校树立全面质量观，严格执行课程计划，坚决贯彻《上海市教育委员会关于深化中小学课程改革加强教学工作的若干意见》，开齐开足"三类课程"，做好课务安排工作。确保每周安排"三课、两操、两活动"，阳光体育1小时，提高教学质量，并使每班课表上的课程设置都与课程计划完全吻合。在执行上，学校努力做到专业课程由专职教师备课、执教，尽力保证学生接受正规的专职课程教育，严格执行教学计划，并且要求教师按课程表备好每节课、上好每一堂课，确保教学计划的正常运行，充分保障学生在校学习质量。与此同时，学校不断创新教育和教学管理的形式和内容，构建高效的教育教学管理模式。

20世纪传统学校教育的一大特点，就是注重知识的灌输，而缺乏对于思维能力的培养，这使得很多学生在学校所学的知识难以运用。学校教育缺乏灵活性和适应性，忽视学生因个性差异而造成的发展差异。课堂上，学生随着老师规定的节奏走，死记硬背，而不是真正去思考和探

---

① 侯明飞.推进学校内部深层变革，发挥育人主阵地作用［J］.辽宁教育，2023（2）：65-68.
② 刘献君.论"以学生为中心"［J］.高等教育研究，2012（8）：1-6.

索知识，所学到的东西实际上都是为了应付考试，而不是为了自身的成长和发展。千篇一律的培育模式造成学生学习积极性不断下降，厌学情况时有发生。我们意识到：教育成效已经不只看学生是否能准确填写标准答案，更要看学生的创新、创造能力，看他们是否德育双修，掌握了发现问题、解决问题的关键能力。[1] 教授学生知识和技能固然重要，但对学生思维能力的培养、对学生品德的塑造更为重要。

（二）在责任教育探索后，意识到知行合一的重要

国无德不兴，人无德不立。习近平总书记高度重视培养社会主义建设者和接班人，要求把立德树人作为教育的中心环节。[2]《上海市学生民族精神教育指导纲要》指出，要"引导学生增强自身作为国家主人的责任意识……自觉承担个人对他人、集体和社会的责任和义务"。而上海市新一轮课程改革将"责任教育"作为教育改革的一个重要内容，指出要使学生"逐步形成正确的世界观、人生观、价值观，具有社会责任感"。新义务教育法中将"四有"公民作为学校培养目标，所谓四有公民，最基本的就是有道德，而其基础就是要有责任感。[3]

因此，学校认为"培养小学生的责任心是学校义不容辞的责任"。在大力推进素质教育的当下，重智育轻德育，孩子责任感的缺失已引起广泛关注，而学校对学生的责任教育恰恰是解决问题的重要一环。不抓责任教育，学校的发展难免跛足，素质教育就不可能真正落实。

2011年9月，潼港小学启动了"小学生责任教育的研究与实践"的

---

[1] 李宜江. 基础教育高质量发展：时代内涵、价值意蕴和实践取向 [J/OL]. 教育与教学研究：1-9 [2023-03-01]. DOI:10.13627/j.cnki.cdjy.20230214.002.

[2] 骆郁廷，郭莉. "立德树人"的实现路径及有效机制 [J]. 思想教育研究，2013（7）：45-49.

[3] 徐敏，彭德倩. "树魂立根"教育融入每门学科 [N]. 解放日报，2006-09-04（1）.

素质教育实验项目。遵循上海市教育工作会议和上海市二期课改的基本精神，结合学校实际，以"小学生责任教育的研究和实践"作为引领学校整体发展的核心课题，确立了"责品同树，德智双修，身心两健，学创兼优"的育人目标。该项目的确立为学生自主发展办学思想的创生奠定了扎实的基础。

1. 明确课程标准

为使责任教育的实践研究更具科学性、规范性、操作性，潼港小学遵循科学性、趣味性、联系性、自主性原则，密切联系当代小学生的实际，编写了责任教育的《课程标准》，致力于提升学生的责任认知，培养学生的责任情感，树立学生的责任意识，引导学生的责任行为。

潼港小学责任教育的《课程标准》分为前言、课程目标、教材编写和实施建议四大部分。在前言中，清晰阐述了课程性质和基本理念；在"课程目标"中，对总目标和分目标分别进行了阐述，明确指出责任认知、责任情感、责任意识和责任行为这四个维度的小学生责任培养目标和要求；在"教材编写"中，对校本教材的编写原则、教材体例和内容标准进行了详细的说明；"实施建议"则分为教学建议、课时安排、课程评价、课程管理四个部分，为教材的实施者提供了教学参考意见。

2. 开设责任课堂

为将责任教育的《课程标准》有效落实，潼港小学根据《上海市中小学课程计划说明》，专门开设了拓展型课程——责任教育课，每周一节，并由班主任执教，对全体学生进行责任教育。

潼港小学还积极组建了责任教育教研组，全校开展责任教育系列活动，组内开展集体备课、集体评课活动，每学期全面铺开互听课活动，每一堂课都安排一名学校行政人员听课，课后填写评价表和听课记录。在此基础上，教研组每学期组织责任教育研究课，例如"孝敬父母""微笑着承受一切""地震中的父与子"等，为老师们如何上好责任教育课提供借鉴。

为加强责任课教师队伍建设，探讨责任教学工作的有效途径，学校教研组还多次召开工作交流会和教学案例研讨会，对全体责任教育任课老师进行了《课程标准》学习情况的调查。开展了"我的责任"教案征集活动，汇编成册，为校本教材的组织和编写奠定了基础。

3. 编写校本课程读本

所谓校本是"以学校为本""以学校为基础"。① 为了有效实现学校校本课程的目标，实现教育学生的目的，潼港小学遴选确定了专业团队与学校课程建设的核心团队，围绕孝敬长辈、文明礼貌、诚实主动等关键词对师生、家长、社区代表展开现状调研，结合学校以往开展责任教育实践过程中所积累的资源，最终组织编写了《"我的责任"校本课程读本》。

4. 以"责任教育"为切入口抓教师专业发展

学校坚持"责任教育"的办学理念，着力提升教师的责任意识，培养教师的奉献精神。通过"坚持教师第一""坚持团队合作"与"坚持制度优先"的管理执行力，学校逐步形成了以"责任意识"和"责任担当"为特色的新型学校管理方式。在学校新制订的"十三五"学校规划纲要中，将在教师队伍中形成稳定的责任文化定为学校发展的重要目标之一。为了提升教师的责任意识，学校定期组织开展"责任·爱心·专业"为

---

① 艾兴，曹雨柔. 教师校本化发展：内涵、规划和实施[J]. 教师教育学报，2023（1）：69-80.

主题的教师沙龙活动,让每一位教师能够围绕这一主题不断展开思考与讨论。例如,教师可以思索"责任"对于学生成长的作用,也可以思考责任对于自身专业发展的意义与价值。在大讨论环节中,全体教师可以各抒己见,畅谈心得,相互探讨,加深对教师职业的认识与理解。学校形成了自上而下的"责任教育"的体制,营造以"责任文化"为主题的学习氛围,鼓励教师多读书,让教师将学习视作一种自我的责任。

(三)在学生自主活动开展中,开始构思全新办学

责任感的产生是学生自主自觉的前提和基础。因此,潼港小学以"责任教育理念下小学生自主活动的实践探索"作为重点课题,全面引领学校实施学生自主活动。

1. 以课题促进学生自主活动

课题研究有利于教师专业素养的形成,有利于教师教学理念的更新,有利于教师将教学经验与理念融入教学实践,同时有利于学科教研组、整个学校以及区域教科研工作的落实与推进。[①] 为此,学校特别聘请了专家到学校反复调研,梳理学校的发展路径,确定了学校办学的优势和不足,重新规划了潼港小学的发展愿景。

2017年9月,潼港小学以区级研究课题"责任教育理念下小学生自主活动的实践探索"为引领,在原有的"责任教育"的基础上,赋予学校"自主活动"新的发展内涵,目的是促进学生全面的发展。与此同时,师资队伍的重组优化,现代学校的管理模式等,也被我们纳入研究的范围。通过研究,我们得到了宝贵的经验:

(1)自主活动的三大原则。我们确立了"与小学生的能力水平相匹

---

① 俞静. 教科研训一体化实践:课题研究的新路径[J]. 小学教学研究,2022,No.814(36):11-12,21.

配""与小学生的兴趣爱好相匹配""与小学生的能力发展相匹配"的三大原则，引导学生开展各类有益有趣的自主活动。

（2）自主活动以学生为主。活动的设计、人员的组织、环节的掌控、矛盾的协调、效果的评价以及个人反思，每一个环节，都让学生自己来，教师赋予了学生最大可能的自主权。这是自主活动区别于一般的社会实践活动、探究活动的地方。后者也能体现学生的自主特征，但是前者的自主程度更高。

（3）自主活动的指导策略。由于受到年龄特点、认知程度、自主能力等因素的影响，小学生自主活动适合的自主程度并不稳定。因此，教师必须根据学生的年龄差异、性别差异、能力差异调整教师指导的"度"，最大程度地体现学生在活动中的主体地位。

（4）自主活动的活动分类。潼港小学将自主活动分成四大类，分别是学科类拓展活动、德育主题活动、综合实践活动和学生社团活动。这些活动有的来自中国传统民俗和节日，扎根于中华优秀的历史文化，有很强的生命力，为小学生所喜闻乐见；有的来自日常的生活中，有很强的生活属性，学生耳濡目染，对活动顺利开展具有得天独厚的优势；有的来自课堂教学的拓展，是知识的延伸，极有趣味和教育价值；有的来自德育的范畴，具有很强的时代感和仪式感，对小学生具有引导、示范、教育的作用。

2. 设计环境助力自主学习和生活

潼港小学充分意识到环境的育人价值和意义，积极建立网格一体化，发挥多方力量，本着以人为本、生态可持续、开放共享、整体协调等原则，为学生自主能力的培养提供宽松、友爱的环境。其中，潼港小学着力打造和修缮校园新地带，为学生提供更多更优质的自主活动场所，例如开放式图书馆、校园小剧场、校园演播室、创新实验室、学生活动中心、校园小农场等。而这些新地带全部由学生通过网络自主投票命名，如"童年时光"图书馆、"童声天地"演播室、"童心舞台"小剧场等。同时，我们努力做到让校园中的每一处设施都起到文化育人的作用，就连窨井盖也不例外。

3. 拓展活动资源提升学生自主活动能力

如今我们的生活越来越丰富精彩，多元的知识获取途径让现阶段的中小学生拥有了比以往任何一个时代的同龄人都更发散的思维。[1] 随着教育改革的不断深入、素质教育的全面推进，小学生社会实践活动越来越受到社会的关注与重视。[2] 社会实践活动是小学生自主活动能力展现的极佳舞台，也是一个培养他们自主活动能力的关键途径。于是，潼港小学积极加强与周边社区的联动，为学生创设良好的环境，引导学生通过参与多元的社会实践活动，获得更多锻炼自主发展能力的机会。如学校积极开展了"青少年平安成长营活动""潼港小学高炮少年军校活动""千笛迎进博奋进新时代"、静安区迎进博市民修身风采展示活动、接待贵州施秉县高碑村乌龟石小学参观学习活动、感恩教师节活动、诗词大会活动等。

大到各项竞赛，小到黑板报、红领巾广播站……在这些多元共享的自主活动中，学生们充分调动了自身的主动性和积极性，发挥了他们的聪明才智，自主活动的能力也普遍增强。学校的学生自主办学思想也随

---

[1] 唐国镇.开展社会实践活动，提升中小学生德育素养［J］.考试周刊，2022（23）：14-17.

[2] 杨燕燕.小学生社会实践活动管理与对策研究［D］.石家庄：河北师范大学，2022：3.

着各项活动的开展进一步深化。

二、学生自主发展时代背景：教育发展的新要求

陶行知先生说："教育者，非为以往，非为现在，专为将来。"这句话道出了教育者的历史使命。[①]在国家教育改革与发展的时代背景下，潼港小学将以学生为中心的理念落实到学校的办学实践，并将学生自主发展的办学思想转化成为学校的发展方向，以实际行动不断探索当今基础教育学校改革与发展的深刻内涵与实践路径。

（一）核心素养与学生自主发展

学生的核心素养是国家建立教育质量标准的基础与核心，是在国家的教育目标和教育理念指导下建立起来的学生必须达到的能力素养，也是教育领域与当前倡导培养学生核心素养的国际教育改革形势相接轨的重要环节。[②]

近年来，国际社会广泛关注自主发展素养。1997年，经济合作与发展组织（OECD）启动了素养的界定与遴选项目，组织12个国家研究本国核心素养框架。研究成果表明，核心素养是对每个人都具有重要意义，且能够发展与维持的，帮助个人满足多方面领域的重要需求的素养。[③]它包括三大类，即人与工具的互动；人与社会不同文化异质团体的互动；个人与自我的自主行动。其中，个人自主行动强调要具有良好的自我概念以及把自身的需要和愿望转化为有目的的行动的能力。自主行动在现代

[①] 转引自刘喜如. 课堂内外相结合，为学生自主发展创造空间——"借鉴多元智能理论，开发学生潜能"的实践研究总结[J]. 文教资料，2012（2）：137-138.

[②] 辛涛，姜宇，刘霞. 我国义务教育阶段学生核心素养模型的构建[J]. 北京师范大学学报（社会科学版），2013（1）：5-11.

[③] 核心素养研究课题组. 中国学生发展核心素养[J]. 中国教育学刊，2016（10）：1-3.

世界中尤显重要，个人必须建立自我认同，并赋予生命意义。

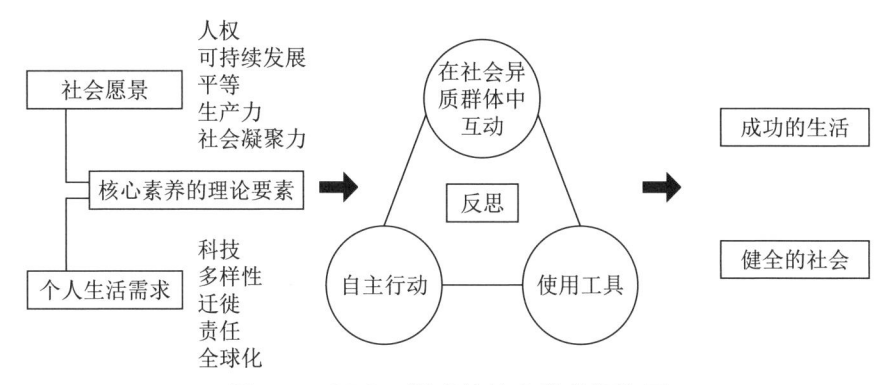

图 1-1　OECD 提出的核心素养架构图

美国哈佛大学教授麦克兰德（D.C.McClelland）分析了什么才是预测人们日后工作业绩的要素。根据他的研究，这些要素有三：一是应对不同文化的人际感受性——倾听不同文化背景的人们的话语及其蕴含的真意，预测他们会如何行动的能力。二是拥有对他人的前倾期待——认识包括敌对的人在内的所有他人的基本尊严与价值的强烈信念。三是敏锐地察觉社会背景的能力——在这种沟通中，能够迅捷地察知谁影响谁，每个人的立场、观点是怎样的。然而，上述三个要素并未被列入基础教育和高等教育的目标之中，却是左右每个人工作状态的核心要素。因此，麦克兰德提议，能够高质量地解决现实问题所必需的要素，可以谓之"核心素养"。知识也囊括其中，不过，具有更大影响的是"情感与意志的自我调节能力"，这些素养与能力被统称为"社会情感能力"。[①] 麦克兰德这份研究，对于我们如何认识和重视学生核心素养的提升，很有启发。

2014 年，我国教育部印发《关于全面深化课程改革落实立德树人根

---
① 钟启泉. 为什么要从知识评价转向素养评价［N］. 中国教育报，2021-2-10.

本任务的意见》，首次提出"核心素养体系"概念。2016年9月，《中国学生发展核心素养》总体框架正式发布，其启迪与点睛意义颇为深远，为我国的基础教育提供了长期发展的行动纲领和体系支撑。①

（二）课程改革与学生自主发展

在以往的课程结构中，重记忆、轻理解，脱离学生的现实生活，教师忽视学生的能力、需要、兴趣，鼓励被动的学习方式和采用刻板的教学方式，教师在整个教学过程中是知识的唯一拥有者，是教学活动的权威。教师与学生的教学关系是一种控制和被控制的关系，严重地阻碍了学生自主性的发展。

新一轮基础教育课程改革十分重视学生学习自主性发展的问题。2001年，教育部印发《基础教育课程改革纲要（试行）》，明确指出，课程改革要"改变课程实施过于强调接受学习、死记硬背、机械训练的现状，倡导学生主动参与、乐于探究、勤于动手，形成学生积极主动的学习态度"，"教师在教学过程中应与学生积极互动、共同发展，要处理好传授知识与培养能力的关系，注重培养学生的独立性和自主性，引导学生质疑、调查、探究，在实践中学习，促进学生在教师指导下主动地、富有个性地学习"。②

2010年7月，中共中央、国务院印发《国家中长期教育改革和发展规划纲要（2010—2020年）》，提出"着重提高学生的学习能力、实践能力、创新能力，教育学生学会知识技能，学会动手动脑，学会生存生

---

① 靳俊友，王明平. 基于学生自主发展核心素养的课程建构与应用［J］. 基础教育论坛，2019（17）：71-74，1.

② 教育部. 基础教育课程改革纲要（试行）［J］. 人民教育，2001（9）：6-8.

活，学会做人做事，促进学生主动适应社会，开创美好未来。"[①]

综上可见，国家层面已经把发展学生自主性作为了学校教育的目标。新一轮基础教育课程改革要求在课堂教学中采用自主、合作、探究的学习方式。新课程的结构也相应地发生了很大变化。[②]它改变了课程过于强调学科本位、门类过多和缺乏整合的现状，加强了课程内容与学生生活以及现代社会、科技发展的联系，关注了学生的学习兴趣和经验，学生的学习方式正由传统的强调接受学习、死记硬背、机械训练向主动参与、乐于探究、勤于动手的创造性学习转变。

因此，发展学生自主性是教学改革向纵深推进的必然选择。为了实现教学改革的真正实效，课堂教学必须从侧重教授行为向关注学习行为转型。

三、学生自主发展理论支撑：基于多学科的理论思考

教育的使命在于促进学生主动、和谐、全面发展，因此，学校必须为学生的自主发展创造空间。[③]潼港小学以哲学、社会学、教育学、心理学等多学科的理论为基础，全方位思考和探讨学生自主发展的必要性、科学性和有效性，为学校学生自主发展办学思想提供理论指引。

（一）学生自主发展的哲学基础

学生自主发展的哲学根据之一是辩证唯物主义关于存在和意识的相互关系的原理。辩证唯物主义认为，存在决定意识，意识是存在的反

[①] 中共中央、国务院印发国家中长期教育改革和发展规划纲要（2010—2020年）[J]. 人民教育，2010（17）：2-15.
[②] 余华峰. 新课程改革与学生的自主发展[J]. 中等职业教育，2006（10）：13-14.
[③] 刘献君. 论"以学生为中心"[J]. 高等教育研究，2012，33（8）：1-6.

映，同时又反作用于存在。①存在是不以人的意志为转移的客观实在，其运行规律不以人们的意志而转移。因此，学生要想在学习中获得成功的体验，必须使自己的思想符合于客观事物的固有规律，自觉地把自己看作是教育的对象，积极寻求自我发展的机会，这是获得发展的关键动力。

此外，学生自主发展的另一哲学根据是关于主体的能动性的原理。辩证唯物主义认为，主体和客体是对立的统一。主体既具有受动性又具有能动性。从主体受客观规律制约和受客观物质条件的限制来说，它具有受动性；从主体能够积极地作用于客体来说，它又具有能动性。②主体的能动性即自觉能动性或主观能动性，包括思想和行动两个方面。主体的能动性表现在它不是消极被动地反映客观事物，而是主动地有目的、有计划、有选择地反映客观事物，它不仅能反映事物的表面现象，而且能认识事物的本质和规律，预见事物的发展方向和未来前景。它还能指导实践，通过实践改造世界。

自主性反映的是一个人在活动中的地位，对于自己的活动具有支配和控制的权利与能力③。主观能动性对于人们认识和改造世界具有重要的意义。学生在活动中的自主性，首先表现为他们在活动中具有独立的主人翁意识，有明确的学习目标和自觉积极的学习态度，能够在教师的启发指导下独立探索知识。由此可见，学生所表现出来的主体性、创造性是学生自主性充分发挥的结果。

---

① 王玉樑.论独立自主的哲学基础［J］.人文杂志，1984（2）：20-24.DOI:10.15895/j.cnki.rwzz.1984.02.004.

② 李林海.论马克思的主体与客体对立统一思想及其现代启示［D］.长沙：湖南师范大学，2020.DOI:10.27137/d.cnki.ghusu.2020.001599.

③ 刘欣.培养学生自主学习适应未来社会发展［D］.大连：辽宁师范大学，2006.

（二）学生自主发展的社会学基础

建构主义的知识观指出，学生的知识主要是学会的不是教会的，是自主建构的不是他人建构的，是自我感悟的不是灌输的。①真正能够深入学生心智精神深处，内化为学生成长养分的知识、能力、观念、习惯的，是学生的探究和体验，是直接与生活、人类文化遗产的接触感悟对话交流。因此，在学生的学、思、知、行中，学思要联系、知行要统一。学无个性，思才有个性；知无个性，行才有个性。要促进学生的学习思维从"海绵式"向"淘金式"转变，学生掌握高效学习方法比掌握知识更重要，学生和学习过程比教师和教学过程更重要。因此，教师的角色要在促进者、学习同伴和必要的机制间变换。

（三）学生自主发展的教育学基础

人本主义教育思想是人本主义思想在教育上的具体体现。卡尔·罗杰斯（Carl Rogers）的人本主义教育理论，包括教育目标和教学模式两大内容。教育的目标是培养能够学会学习的人，教育应当重视教学的过程和方法、内容和结果；教学的模式主张"全人"教育，教育应涵养人性，倡导教育要培养全面发展的整体的自我实现的人，教学过程中重视学生的主体作用和自主性的发挥。②罗杰斯的学习观是有意义的自由学习观，他认为学习不仅仅是增长知识，更是使个体的行为、态度、个性等发生重大变化。这样才能让知识与个体各部分经验相互融合，让学生真正爱上学习，这才是教育的最佳效果。

因此，在教育教学活动中，教师在为学生提供各种学习的资源和相

---

① 张宜.建构主义知识观对教师教学行为的影响［J］.教学与管理，2015（21）：13-15.
② 化得福.论罗杰斯的人本主义教育思想［J］.兰州大学学报（社会科学版），2014，42（4）：152-155.

应指导的基础上,要让学生自己决定如何学习,这样他们才能真正学会学习,并学会学习的方法。潼港小学的学生自主发展办学思想,旨在让学生能找到自己真正感兴趣的领域,在情感上对学习发生兴趣,能够主动去学习,让学习成为一件可以自己控制的事情,养成学生终身学习、健康生活的意识和能力。

(四)学生自主发展的心理学基础

齐默尔曼(B.J. Zimmerman)等人提出自我调节(self-regulated)学习理论,认为学习者为了保证学习的成功、提高学习的效果、达到学习的目标,需要积极主动地运用与调控元认知、动机与行为。① 自我调节的学习者在获得知识的过程中有确定的学习目标,自我调节的学习者能系统地运用元认知、动机和行为方面的策略进行学习。② 自我调节的学习是一个不断循环的反馈回路;学习者能够通过反馈不断了解自己、了解任务、做出决策,体现了学习者的主观能动性和自我选择、建构学习环境,这是让学生学会学习、学会反思自己的学习过程,并不断进行学习活动的调节,对达成学生学习目标具有指导意义的理论。

由此可见,学生发展是"内因自育"和"外因外育"协同教育的结果。因此,潼港小学积极倡导的自主学习的条件是学生有内在的学习动机——"想学",有一定的学习策略和方法——"会学",有勤奋和意志——"坚持学",有社会性物质性条件——"可以学"。教师不断激发

---

① 单冬.基于自我调节学习理论的深度学习实现路径[J].中国成人教育,2021(8):3-6.
② 刘娜,李彦丽.根据自我调节学习理论探讨研究性学习的开展[J].中国高等医学教育,2008(3):59-60,117.

学生的内在动机，指导学生对学习进行自我监控，提供和教会学生应用社会性物质性的资源。因为潼港小学的教师清楚地意识到，只有学生主体发展的主动性与学生自主发展的"重要他人"的协同，才能有效促进学生自主发展。这种自主发展，能为学生的人生提供动力与意义，还能使学生有效应对21世纪的不确定性的挑战。

第三节 学生自主发展的办学图景

潼港小学基于多年的办学实践经验，遵循国家教育方针，系统探讨学生学习、生活、生长与发展的内在机制和成长规律，建构起学生自主发展办学思想以及学校师生认同的稳定的教育理想、信念、价值观和行为准则体系，形成了科学而合理的办学模式。

一、学校办学理念

文化育人是实现德育工作实效的重要途径，也是推动学校特色发展、内涵发展的重要组成部分。[①] 为全面贯彻党和国家的教育方针，潼港小学以社会主义核心价值观为引领，以百年老校底蕴为基础，以实现"立德树人"为根本目标，遵循学生的身心发展规律，紧紧围绕建设"一所爱孩子胜过一切的学校，一所能绽放生命活力的学校"的办学使命，"责任担当，自主发展，让每一个生命绽放光彩"的办学宗旨，"文化立校、科研兴校、特色强校"的办学目标，实现学校管理的规范化，队伍建设的人文化，办学特色的品牌化，教育质量的最优化。

---

① 刘献君. 论文化育人[J]. 高等教育研究，2013，34（2）：1-8.

二、学校办学目标

潼港小学从德育、课程、教学和教师专业发展四大方面，全年、全程、全员、全域推进学生自主发展的办学思想，激励学生自立自主、自尊自强、自省自善、自醒自生，让学生向学致学、会学乐学、善学成学，从而造就一批"求真力行、崇德向善、乐学思辨、修艺致雅"的国家公民和现代人才。

（一）求真力行——自立自主

潼港小学主张让教育返回原点、回归本真，引导学生不做秀、不功利、不搞形式主义，不做虚假浮夸的事，真心真意、静心潜心地学习和生活，从而培养懂节制、知取舍、守慎独、能觉悟，忠于自我认同，情绪稳定心智健全，自主乐学的潼港好少年。

（二）崇德向善——自尊自强

善的力量是国家发展、社会和谐、人民幸福的重要因素。潼港小学从"善待他人""善待集体"和"善待自然"三个方面出发，培养学生追求生命与社会之善。"善待他人"要求学生学会爱他人，能够去理解、尊重和同情他人，将生命的眼光投注到他人身上，走出自我中心的意识，去理解他人的痛苦，帮助他人走出困境。"善待集体"培养学生以主人翁意识热爱自己的国家和班集体，并且主动发挥自己的主观能动性建设集体。"善待自然"培养学生尊重生命与自然，在珍爱自我生命的同时珍爱自然生命。

在"三位一体"的向善教育中，潼港小学逐渐培养出一批懂创造、知荣辱、守情怀、能成就，自强志学的潼港好少年。

（三）乐学思辨——自省自善

"乐学思辨"的教育理念要求教师以一种积极愉悦的心态全身心投入教学，使学生能够体验到学习的乐趣而产生学习的动力，从而达到师生之间、生生之间的乐教乐学。让学生在"学思联系、知行统一"的学习体验中，形成自律自强、习雅巧智、乐学善思、健康自信的个人品质，成为懂敬畏、知成败、守理想、能作为，乐于自我完善，勇于自我调整，意志坚定、品行端正、自觉致学的好少年。

（四）修艺致雅——自醒自生

潼港小学通过"自主活动"引导学生在自我实现、自我确证、自我体验、自我评价中感受美、创造美、表现美，学会认识自我，讲究修养、涵养，做自己情绪的主人，从而感悟和体验生命的价值和意义，从而培养出懂自己、知美丑、守内心、能反省，敢于自我反思，仪容庄重、心态平和的潼港好少年。

第四节　学生自主发展的基本构想

学生自主发展，重在强调学生有效管理自己的学习和生活，认识和发现自我价值，发掘自身潜力，有效应对复杂多变的环境，发展成为有明确人生方向、有生活品质的人。潼港小学从"原点"出发，从自主发展的内涵着手，系统探讨学生学习、生活、生长与发展的内在机制和成长规律，逐渐形成了学生自主发展办学思想的基本构想。

一、学生自主发展的内涵

当前很多学校都将学生自主发展作为育人理念，但在不少情况下，学生其实是在执行要求式的"自主发展"，不但不能得到真正的自主发展，反而可能更加被动发展。①那么，什么是真正的自主发展？学生自主发展办学思想内涵的核心要素是"自主性"。

（一）"自主"是自己做主，不受别人支配

《现代汉语词典》对"自主"的解释是自己做主；②《辞海》解释为自己做主，不受别人支配。③自主是建立在尊重自己和他人基础之上的，自主的行为是一种自愿自发的、自己选择的、自我控制的，并为之负责任的行为。④斯科特认为自主往往包含自我决定、自我规范、权利自由、意志自由、做自己的主人等含义。⑤由此可见，"自主"是指自己做主，不受别人支配，包括自我决定、自我规范、意志自由等。自主更多强调个体自觉的、主动的、积极的、非外界强制的自由发展的意愿与能力。

自主最早适用于普通教育领域，关注的是学习者自主（learner autonomy），是一个人自由充分发展最为核心的本质，后也被用于教师发展领域的研究，对教师的研究被认为是"自主研究领域最具有研究意义的概念之一"⑥。

（二）自主发展的内涵

"自主发展"涉及"自主"和"发展"两个概念。"自主"是一种意

---

① 涂元玲.重视关于"我"的思与行促进学生真正自主发展［J］.人民教育，2022，No.875（Z3）：60-62.

② 中国社会科学院语言研究所词典编辑室编.现代汉语词典修订本［M］.北京：商务印书馆，2000：1670.

③ 辞海.缩印本［M］.上海：上海辞书出版社，1999：22-81.

④ 王少非.新课程背景下的教师专业发展［M］.上海：华东师范大学出版社，2005：10.

⑤ Scott P.A.，Valimaki M. et al. Autonomy，Privacy And Informed Consent1：concepts and definitions［J］. British Journal of Nursing，2003.12（1）：43-47.

⑥ 赵书红.新课程背景下中小学教师自主发展研究［D］.石家庄：河北师范大学，2007：6.

识,而"发展"则是在这种意识支配下的内在特征和外部表现。《现代汉语词典》将"发展"解释为事物由小到大、由简单到复杂、由低级到高级的变化。人的个体发展是指人作为生命个体从出生到生命结束身心变化的过程,包括身体发展和心理发展两个方面。学生在寻求发展的过程中,自主意识和依赖意识是并存的,因此这时的"自主发展"是教师指导下的有目的的"自主发展"。

潼港小学认为,自主发展是人们对发展自我、丰富自我、改变自我和提高自我的一种内在追求,是一种自觉主动地追求人生意义与价值的自我超越方式。它包括个人的主体性发展、个人价值的体现、不断的自我完善和进步等。

(三)学生自主发展的主体是学生

学生自主发展的主体是学生。学生在学习过程中的自主性即是在这一过程中相对于学校、教师的独立性,包括学习目标、学习进度、学习方式的独立性。要实现自主学习,必须赋予学生学习的自主权,允许学生根据自己的能力水平、个性特点与兴趣爱好等确立适合自己的学习目标、学习方式和学习方法。但这与"放任"有着本质区别,教师要给学生帮助,但不是支配学生。

学生是自己行为的主人,他们有权对自己的活动做出自我选择和自我决定。因此,潼港小学认为学生自主发展是指学生作为学习和发展的个体,能够以主人翁的姿态出现,在教师的引导下,在教育教学的"自主学习活动"中能够支配和控制自己的活动(主动求知、主动探索、主动思维、主动实践),在学习中能够充分发挥积极主动性,从而在让自己的创新能力和实践能力得到提高的同时,自主地、高效地、创造性地追求人生意义与价值。

二、学生自主发展的框架体系："五自五会"

在参考国内外相关研究的基础上，潼港小学在学生自主发展教育的实践探索中，提出了学生自主发展的"五自五会"模式。"五自"是指自知、自律、自觉、自立、自强；"五会"则是指"学会做人、学会学习、学会生活、学会沟通、学会合作"。详见图1-2：

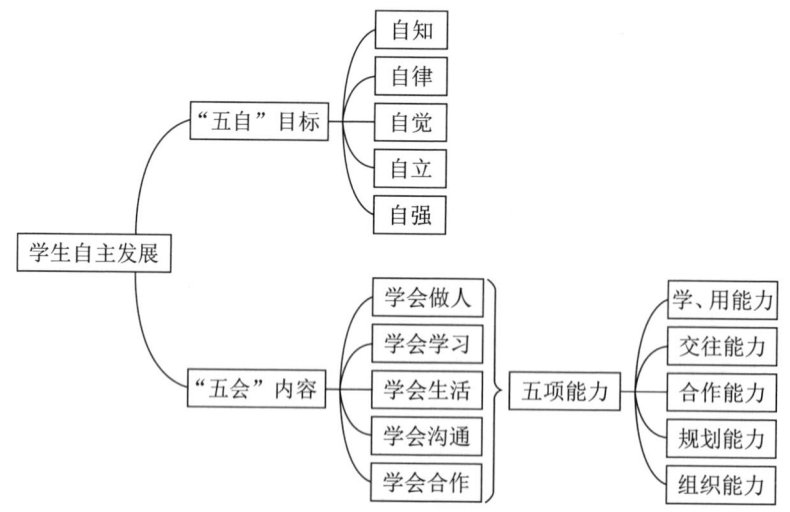

图1-2 五自五会学生自主发展模式

（一）"五自"：自知、自律、自觉、自立、自强

德育过程就是促使学生的知、情、意、行互动发展的过程。根据德育过程规律和小学生的成长特点，我们将学生自主发展分解为"自知、自律、自觉、自立、自强"五项发展目标。

"自知"就是要知道自己，了解自己，知己知彼、量力而行、尽力而为；"自律"是指自我管理、自我约束、自我克制，在没人监督或在场的情况下，自觉地遵循做人的原则，约束自己的一言一行；"自觉"是指自己有所认识而主动去做的行为；"自立"是指自己的事情自己做，自己不仅不依赖别人生活，而且还能帮助别人；"自强"是指自觉进取，不断完善自我，使自己成为自立于社会，成为生活强者的心理品格。

（二）"五会"：学会做人、学会学习、学会生活、学会沟通、学会合作

"五会"是指"学会做人、学会学习、学会生活、学会沟通、学会合作"。学生自主发展的"五会"是根据《中国学生发展核心素养》和经合组织（OECD）研究报告确立的。

《中国学生发展核心素养》以科学性、时代性和民族性为基本原则，以培养"全面发展的人"为核心，分为文化基础、自主发展、社会参与三个方面。其中，在"自主发展"中，提出了学生自主发展的"学会学习"和"健康生活"核心素养。

2012年3月，在OECD发布的《为21世纪培育教师提高学校领导力：来自世界的经验》（*Preparing Teachers and Developing School Leaders for the 21st Century*）的研究报告中，提出21世纪学生必须掌握的四个方面的十大核心技能：[1]

（1）思维方式，包括创造性、批判性思维、问题解决、决策和学习能力；

（2）工作方式，包括沟通和合作能力；

（3）工作工具，包括信息技术、信息处理能力；

（4）生活技能，包括公民素养、生活和职业能力，以及个人和社会责任。

其中，学生的沟通与合作能力是21世纪人才必备的核心素养之一，

---

[1] 顾明远.国际教育新理念［M］.北京：教育科学出版社，2020：52.

并在个体自主发展中的作用越来越大。

结合《中国学生发展核心素养》中的自主发展"学会学习"和"健康生活"两个核心素养，以及OECD研究报告中提出的沟通和合作能力，我们提出了学生自主发展的"五会"，即"学会做人、学会学习、学会生活、学会沟通、学会合作"。

学会做人是指学生学会为人处世，待人接物。具体来说，要让学生懂得做人的标准，并能够自觉地按照做人的准则塑造自己，使自己成为符合做人标准、社会认同和社会需要的人。

学会学习是指学生清楚自己应该学什么、怎样去学、运用什么方法学，以及如何高效率地学。具体来说，要让学生适应小学阶段的学习，了解学习的意义，激发学习的内在动力，掌握适合小学阶段和自身特点的学习方法与策略，提高学业水平和学习能力。

学会生活是指以学生的整个生活为对象，从个人的生活到社会交往再到作为公民的社会参与，涉及行为规范、健康生活、珍爱生命、情绪管理、人际交往、合作意识、社会参与和融入等多方面内容。

学会沟通是指让学生学会与人交流。具体来说，要让学生懂得如何与人交流思想，尤其是有能力坦诚地讲出个人内心的感受、感情、痛苦、想法和期望，以寻求他人理解或谅解。

学会合作是指学会与人相互配合、协调。合作就是个人与个人、群体与群体之间为达到共同目的，彼此相互配合的一种联合行动。我们要让学生学会互相配合，共同完成某项任务。

通过对学生"五会"相关活动的开始实施，实现学生自主发展的"五自"目标与要求，培养学生适应未来社会发展的五种能力（学用能力、交往能力、合作能力、规划能力和组织能力），最终达到学生自主发展的目的。

三、学生自主发展的学习活动

(一) 学习活动的主要特性

1. 学生的主体性

"自主发展"自然要体现"自主"的特点，学习活动的主题、设计、人员的组织、环节的掌控、矛盾的协调、效果的评价以及反思，都务必尽量让学生自己来，教师要赋予学生尽可能大的自主权。这是"自主发展"区别于一般的教育思想的地方。后者也能体现学生的自主特征，但是前者的程度更高。当然，小学生自主发展的学习活动的自主程度，受到年龄特点、认知程度、自主能力等因素的影响，教师必须根据学生的年龄差异、性别差异、能力差异调整教师指导的"度"，最大程度地体现学生在学习活动中的主体地位。

比如，语文学科拓展活动"制作一份精美的手抄报"，教师将若干个活动小组分成2类。第1类，几乎不进行指导和帮助；第2类，施以相对较多的指导和帮助。随后，观察活动的结果，发现这2类小组的作品差异不大，因为自主活动往往需要学生具备综合能力，教师的指导和帮助并非决定性因素。但是，经过老师指导的第2类小组，活动过程队员之间矛盾较少，而第1类小组矛盾较多。恰恰这些矛盾，才能锻炼学生的自主活动的能力。矛盾，是自主活动的一部分。

2. 学习活动的创意性

小学生自主发展体系中学习活动的策划与组织要紧贴时势，在遵循学生身心发展规律的原则下，努力使活动贴近生活，融入时代，让学生在学习活动中感受到当前社会的脉搏。

比如，随着工业的发展，人口的剧增，人类无节制的生产生活方式，大气中二氧化碳的含量不断增加，我们生活的环境在持续恶化，这些已经严重威胁到人类的生存和健康。目前温室气体已成为全球共同面对的最紧要的问题。因此，低碳生活的理念已经逐渐被更多人所接受，相关宣传在生活中、网络中随处可见。低碳生活的背后是地球环境的不可承受之重。小学生虽然对此早有耳闻，但是并不清楚低碳生活的原因、意义和方法。从某种意义上来说，小学生和社会生活是脱节的，因此教师引导学生开展"低碳生活从我做起"的自主活动，正是让学生通过活动融入社会、融入时代。

3. 组织形式的多样性

小学生自主发展体系中的各类学习活动要将看、想、做、说、画、写，甚至唱、跳等结合在一起，让小学生在"动"的过程中，产生不同的快乐体验，这也是培养学生综合素养的需要。潼港小学开展了竞赛式、文艺式、游戏式、情景创设式、参观式、尝试式、操作式、讲座式、调查式、阅读式、思维训练式、汇报式等形式的活动。有时，单个活动同时体现了多种形式。

例如，"低碳生活从我做起"就同时呈现了多种形式，在主题班会上，学生有的汇报自己低碳生活的做法，有的通过小品表演来说明环保的重要，有的通过游戏的方式带来全新的环保理念；《班干部竞选》主要采取竞赛和汇报结合的形式；"'木里探花'——民间雕花之美"主要采取参观和调查相结合的形式；"让父母体会到孩子的爱"主要采取情景创设式……

只有多样的学习活动形式，才能满足小学生的兴趣的需要，才能让学生在活动中获得自主发展所需的多种能力。

（二）学习活动的组织管理

小学生自主发展的学习活动的时间、地点和人员的安排并没有固定的要求。在地点上，可以在校内，也可以在校外进行；在时间上，可以利用上学时间，也可以利用周末、节假日；在指导人员安排上，可以由教师担任，也可以由家长担任；参与学生的数量，由活动的实际需要决定。

比如，语文拓展活动"制作一份精美的手抄报"中，各个环节的时间、地点安排都不相同。活动的设计，需要教师一定的指导，需要在校完成；人员安排，所需时间不长，学生利用在校的午休时间，共同商量完成；手抄报所需的文字、插画等资料和排版设计，则由学生根据"职责安排"在家独立完成；手抄报的誊写和绘画过程，则由小队利用双休日的时间集体合作完成，地点既可以在公共图书馆，也可以在队员家中或社区活动室。由此可见，自主活动的安排主要依据活动的实际需要而定。

学习活动的组织管理，还需要充分挖掘和利用资源，通过发现资源、分析资源、筛选资源、建立资源库和更新重组资源，做好活动资源的组合利用、有效利用和充分利用。

四、学生自主发展的教师指导

小学生要实现自主发展，离不开教师的引导。教师需要紧紧围绕自主发展的目标体系，有目的地进行学习活动的指导，恪守教师的主导地位，凸显学生的主体地位，开展富有成效的工作。

（一）凸显学习活动的自主性

自主发展自然要体现"自主"的特点，活动的设计、人员的安排、环节的掌控、矛盾的解决、效果的评价以及个人反思，都务必尽量让学生自己来。教师要赋予学生尽可能大的自主权，根据学生的年龄差异、性别差异、能力差异调整教师指导的"度"。不能凡事包办，也不能当甩手掌柜。小学生自主开展学习活动，教师要减少，甚至是取消对学生综合技能的指导和帮助，从而凸显学生的自主性；同时，根据小学生的年龄特征，教师应该为学生的学习活动的组织、协调和沟通提供有效指导。

（二）要控制学习活动的难度

小学生自主学习活动的难度要遵循学生的身心发展规律，难度过高，会使学生在学习活动中产生挫折感、无力感，也使教师自己陷入挫折感之中；难度过低，会让学生的自主能力得不到锻炼。适度的学习活动难度，既能激发学生勇于尝试的心理，又能激发他们的成就感，提高他们的自主能力。

例如，英语学科拓展活动"童话王国"中，教师这样描述其困惑："距离5月底的演出还有一个多月的时间，但由于小组成员进行了调整，刚刚确定，部分成员的表演能力不强，加之课间排练的时间有限，我对届时是否能呈现一台较为完整的演出有些担心。"张依情老师在开展"制作宣传册"活动中这样描述她的问题："封面排版，原本打算制作宣传册，可是版面的设计要运用Photoshop等软件，技术要求过高，同学们和家长们都没有这项技能。"

从中不难发现，两位教师给予了学生较高的自主度，也期望他们能够较好地完成活动，但是设计时过高地估计了部分学生或家长的能力，使活动无法顺利地进行下去。因此，开展自主学习活动，教师不仅要备活动，还要"备学生"。所谓"备学生"就是考虑学情。首先，教师引领学生自主计划学习活动的时候，就要充分考虑学生年龄特点以及活动所需要的材料、学生技能水平、校外资源等因素。可以依据"跳一跳，摘苹果"的原则，要求要略高于学生的实际能力；其次，在学习活动中发现难度过高，学生无法完成的情况，教师应该迅速做出决策——降低难度。比如，教师加强对学生儿童剧表演的指导，或者缩减儿童剧的表演时间。只有这样，学生才会越来越充满兴趣地投入自主活动。

（三）采取多样的组织方式

在美术拓展活动"各种各样的叶子"中朱辰获老师这样描述遇到的问题："最后完成树叶贴画时，由于每一个小组只需要完成一张，就造成了部分同学无所事事，而动手能力强的同学大包大揽的局面，这是因为组队出了问题。"张佳钰老师在开展《缤纷的西方节日——万圣节》活动中遇到了这样的问题：英语小报一小组只交1—2份作品，有些小朋友偷懒由家长帮助完成，还有的小朋友不为小组出力，不承担小组中的工作。不难发现，在自主学习活动时，组织形式同样值得探讨。一般来说，一个小组的成员各有所长，能够均衡地在学习活动中发挥效能，这是最佳的组织形式。但是，实际活动中，所谓"最佳"是比较少见的。教师们自然而然地容易产生"优秀生带动后进生"的想法，因为"后进生"往往综合能力比较弱。因此，活动中往往优秀生包办了一切，而后进生什么都没干。我认为解决的方式有多种，可以根据兴趣爱好来组队，可以根据能力水平来组队，也可以根据可支配时间来组队。

（四）自主能力的培养

自主发展中的学习活动的开展往往需要综合能力，比如：交流沟通、合作的能力。从活动的设计到开展过程中矛盾的处理，都需要小学生之间相互交流、体谅，最终共同努力完成活动。如果只注重结果，往往就会忽视过程中一闪而过的小问题，而这些小问题恰恰是培养小学生自主能力的抓手。

徐萍老师在美术学科拓展活动"'木里探花'——民间雕花之美"中

就遇到了小组内部出现矛盾的问题。可见，这样的现象非常具有典型性。许多学生是独生子女，养尊处优，往往容易以自我为中心，父母更是喊出了"只要你读书，其他都不用管"的口号。因此，学生往往把在家庭中的强势心理带到学校，带到自主活动中，造成大家互不相让，活动无法继续下去。

怎么办？应该让学生学会处理矛盾，学会交流讨论。这不是某一个学科专有的技能，因此对教师提出了较高的要求。部编版三年级语文课本中，有一课"该不该实行班干部轮流制"，这一课旨在教会学生文明、民主地进行讨论。他山之石，可以攻玉。仿照这课的内容，徐老师要求学生通过沟通来解决问题和矛盾，学生要做到敢于亮明观点，表达方式要婉转，要尊重别人；要做到边听边思，尊重不同的想法，不打断别人说话，语气要温和，动作幅度不要太大，音量要适中等。

随后，徐老师结合自主学习活动中遇到的问题进行实践——让学生按照讨论的要求，拿实际问题当场沟通讨论，讨论得比较优秀的小组，给全班做示范。问题果然就此解决。从这些现象中不难发现，平时在课堂中以教师为主导的学生学习活动中的矛盾和问题往往容易被掩盖，学生也容易有寄希望于教师来"主持公道"的依赖心理。而开展自主学习活动，才能真正暴露出症结所在。同时，这对教师提出了更高的要求，因为学习活动是对学生综合素养的考验，所产生的问题往往是跨学科的，需要我们教师加强学习，加强沟通。

罗马不是一日建成的。同样，我们培养学生自主发展能力的过程是一个长期的过程。例如"垃圾分类"这样的活动，涉及的信息量很大，难度也很高，"消化"起来也需要时间。因此，我们要把自主学习活动看成是一项长期的工作，而不是一次活动，遵循"循序渐进"的原则，将学习活动系列化，由易到难。对于难度较高的学习活动，教师应该将其分割成几个小部分，让学生逐步完成，这样不仅能激发老师和学生的活动积极性和成功感，还更有助于培养学生的自主能力。每一次活动之后，我们及时总结和改进，为下一次活动打下基础。

（五）学习活动的及时评价

在自主学习活动中，小学生可以获得外反馈和内反馈。所谓外反馈，即小学生从老师、同学处得到了对于自己的评价，通过正确地处理这些信息，能够在根本上改变小学生的观念和行为。同样，内反馈，就是小学生跟自己要反馈，向内求，这个过程就是我们经常说的反思。自主活动就需要同时进行外反馈和内反馈，这样才会塑造学生健康的、积极向上的社会人格以及不断提升的自主能力。

表面的一团和气，往往掩盖不了问题，教师就是要促进学生对自我的正确认知。在语文学科拓展活动"制作一份精美的手抄报"中，教师对参与活动的小队都进行了奖励，而奖品数量与人数并不一致。如：某小组四人，教师却给了三份奖品。教师此举的目的就在于引发学生对评价的重视。于是，在老师的引导下，学生进行自我评价和对他人评价。外反馈和内反馈往往会产生一定的差距，促使学生对自己进行重新认知。重新认知自我，是一个并不愉快的过程，但恰恰是培养学生应具有的社会人格以及坚强的内心的必由之路。

五、自主活动带给我们什么

（一）带给教师更快的专业成长

教师通过文献研究、聆听专家讲座、小组交流等形式，深入学习小学生自主活动的编制，以及教师指导方法等，为活动的开展打下了扎实的基础。在开展活动的过程中，教师们对问题进行研讨，或者请教专家，寻求可操作的解决方法。活动之后，对整个活动进行回顾、反思和总结，这不但方便了活动经验的传播，也为接下来的研究提供了大量的素材，更容易发现值得研究的突破点。作为第一线的教师，通过这样环环相扣的活动与研究的过程，活动设计、组织能力和科研能力都在不断提升。在开展小学生自主活动的3年当中，我校共选拔出36篇活动案例，31篇论文，《自主活动　自我成长——责任教育理念下小学生自主活动的实践探索》一书顺利出版。

（二）带给学生更广阔的成长空间

自主活动主题符合学生的年龄特点、兴趣爱好，紧贴时势；自主活动人员安排更为灵活，学生更容易找到志同道合的群体，更容易接受符合自身能力的任务；学生能够有条不紊地开展活动，遇到问题也往往能自己解决；活动后，学生能组织多元评价，达到认识自我、调整自我、肯定自我的效果。总之，学生在自主活动中了解到知识与技能在现实生活中的意义，综合素养获得了全面的发展。

（三）带给师生活力四射的课堂

师生在自主活动的开展过程中，都意识到了以往教学中的问题。在日常教学中，教师会了解学生"已经知道了什么""什么还不知道""还想学什么"，教师会根据学生在课堂中的表现及时调整教学的节奏，对于学生产生的问题更为关注。有的老师还会根据自主活动的需要，调整教学内容，以应对学生在自主活动中需要的知识和技能。而小学生明白了学习的意义，他们所学的知识与技能会在自主活动中使用。因此，他们变成学习的主人翁，热情地参与课堂教学，甚至一边活动一边复习，这种学习的快乐是前所未有的。

第二章
加强学生体验，构建自主向善德育之路

百年大计，教育为本。育人为本，德育为先。习近平总书记曾经指出："人无德不立，育人的根本在于立德。立德为先，修身为本，这是人才成长的基本逻辑。"[①] 小学德育是社会主义精神文明建设的奠基工程，是提高全民族思想道德素质的奠基性教育，是培养合格公民的起点。同时，小学德育也是学生健康成长的基础和保障，是学生全面发展的重要保障和动力支撑。新时代背景下，学校德育的重要性一直有增无减。潼港小学结合学校的传统特色，从学生实际出发，构建起学生自主发展的德育之路，致力于培养学生自主向善品德。

第一节 自主向善德育的内容和目标

自主向善德育是学生走向自主发展的重要组成部分。它是以培养学

---

① 习近平. 习近平著作选读（第二卷）[M]. 北京：人民出版社，2003：198.

生的自主性为根本，通过学生自主参与、体验、协作、对话等活动形式，推进学生思想道德的自主建构，达成自我教育的一种德育模式。在培养学生自主性的基础之上，"自主向善"德育始终坚持培养学生"向善"之心，力求实现学生道德内化。

一、自主向善德育的内容

根据"五自五会"学生自主发展模式，自主向善德育主要由自知、自立和自强三个方面构成。

（一）自知

"自知"以"自主"为根本，以"自知"为关键。《老子》第三十三章指出：知人者智，自知者明。"自知"，意指认识自己、自己明了。在自主向善德育中，这一要点强调：在认知层面，学生要能够形成良好的自我判断和选择，并在自我选择过程中提高认知水平；在实践层面，学生要在自知的基础之上，以道德认知引领行为，辅以道德情感激励行为，自觉主动地实现道德动机，表现出道德行为，达到人格和谐统一。

（二）自立

"自立"以"自主"为根本，以"自立"为关键。"自立"意指凭借自己的能力独立生活，不依赖别人。在自主向善德育中，这一要点强调：学生能够不依赖他人，做到自我教育、自我管理。例如，学生在学习上要能积极主动地发展自己；在生活上要具备自理能力，能够独立地处理日常生活中的一般问题。

（三）自强

"自强"是在"自主"之上实现飞跃，是"追求卓越、自强不息"的简称。"卓越"意指杰出的，超出一般的；"自强"意指努力向上，自我勉励，奋发图强，不断提升和完善自我。"天行健，君子以自强不息"与"地势坤，君子以厚德载物"，是中华传统文化的精髓，也是中华民族生生不息、傲然挺立于世界民族之林的精神之源和力量之源。"卓越自强"离不开学生的"自主发展"，学生"自主发展"要引领其走向"卓越自强"。在自主向善德育中，这一要点强调：学生在自主发展的道路上，要努力提升自身综合素质，追求卓越，不断完善自我，实现全面而有个性的发展。

二、自主向善德育的目标

自主向善德育的目标：其一，引导学生树立自知意识，让学生学会尊重自己与他人；其二，帮助学生养成自立人格，实现他律到自律转变；其三，发展学生自强品质，鼓励学生争做新时代好少年。

（一）树立自知意识，学会尊重自己与他人

自主向善德育的首要目标就是引导学生树立自知意识，让学生学会尊重自己与他人。这一目标回应了自主向善德育中"自主自知"的要求。

学生应正确地认识自我，能够形成良好的自我判断和选择，并在自我选择的过程中提高认知水平。自我认识能力在学生自我意识的建构中起着决定性作用，对学生的个性发展和社会化进展都有重要影响。

世上最重要的事就是认识自我，认识自我是哲学永恒的主题。认识自我，既是一个古老的哲学问题，又是一个现实的实际问题，也是古今中外人们极为关心的、经常探讨的重要问题。"自我认识是自我意识的认知成分，指个体对生理自我、心理自我、社会自我的认识，主要涉及我是谁、我为什么是这样的人等问题。"自我认识的主要任务是了解自己，

清楚自己是一个什么样的人和自己是这样一个人的原因。①

学生自我认识能力的提高离不开自我评价能力的培养。学生对自我的认识不到位，他们的自我评价也难以做到客观与符合实际。倘若学生无法正确地认识与评价自我，他们可能就生活在一个虚幻的世界里。学生自我认识不到位会产生两种情况。

其一，学生对自己的评价过高，这容易让学生产生自负心理，不利于学生的进步和长远发展。学生甚至有可能在盲目之中逐渐后退。其二，学生对自己的评价过低，这容易让学生产生自卑心理，同样不利于学生的发展。学生对自我的认识总是负面消极的，长久以来，学生的自信心难以建立。

在自主发展理念的引领下，自负与自卑都不利于学生的自主发展。这样的自主发展道路往往是歪曲的。唯有提高学生的自我认识能力，学生才能更好地学会尊重自己，进而实现良性的自主发展。这也就是自主向善德育要达到的一个目标。学会尊重自己是学生道德成长的起点，更是学生德育的关键。

我国著名的情感教育专家朱小蔓教授在《面对挑战：学校道德教育的调整与革新》一文中指出：

人如果没有自尊，没有起码的尊严，不能获得社会认同，他就不能悦纳自我，不能获得自我的同一感和整体感。相反，内心巨大的撕裂感和冲突感将使他丧失打开心扉与人沟通的勇气。简言之，自尊是个体道德成长的起点。②

---

① 安婷婷.爱的放歌　班主任多彩教育艺术［M］.北京：光明日报出版社，2018：77.
② 梅华.自尊是通向幸福和取得成功的钥匙［J］.思想·理论·教育，2005（24）：35-37.

可以说，尊重自己是实现自我教育的内动力。自主向善德育就是"要让每个孩子都抬起头来走路"。而常与"尊重自己"一起出现的词是"尊重他人"。常言道，尊重他人就是尊重自己，要做到不抬高自己，也不要贬低别人。做到尊重自己与他人，就是要有自知之明和良好的自我意识。对于学生而言，每个个体并非处于孤岛之中，他们需要学会与他人交往。而道德作为一种特殊的社会意识形态，规范着个体的交往行为。学生在自知的基础上，更要学会用道德认知引领行为。尊重他人可以说是最基本的道德体现，是学生成长道路不可缺失的修养。尊重他人，个体也同样会得到他人的尊重。

（二）养成自立人格，实现他律向自律转变

自主向善德育的另一个目标就是帮助学生养成自立人格，实现他律到自律转变。这是自主向善德育的基本目标，回应了自主向善德育中"自主自立"的要求。

学生要做到不依赖他人，达成自我教育、自我管理。具体来看，学生在学习上要能积极主动地发展自己；在生活上要具备自理能力，能够独立地处理日常生活中的一般问题。而这点点滴滴的日常背后，是培养自立人格，是学生走向自主发展的必经之路。

自立，就是自己的事情自己做，自己的方向自己选择，有独立的思想和自由的精神。自立意味着要学会自我负责，学会处理学习和生活中遇到的难题，靠自己的双手去开创属于自己的生活。自立是一种独自面向未来的人生观，是一种自我掌控与驾驭的能力，也是一种积极的生活态度。[1]

---

[1] 王英."i优势"：北方工业大学附属学校德育、体育、美育课程体系学生用书[M]. 北京：中国发展出版社，2019：7.

学生走向自主发展，意味着个体在成长过程中具备独立性和主动性，个体能够自由地、独立地支配自己的言行。自主与自立是相辅相成的，我们要在发展学生自主性的同时，帮助学生养成自立人格，它是独立性人格发展的重要形式，也是中国当代社会的理想人格。[①]

不仅如此，我们还要在塑造学生人格的同时，实现德育由他律到自律的转向。

德育心理学研究表明，个体德性人格的形成是循序渐进、逐级递升的过程，大体经历无律、他律、自律和自由四个阶段。对年幼无知的儿童而言，德性人格往往处于无律状态，儿童难以与道德规范发生现实联系，道德规范对于儿童来说是"无知之物"。缺乏道德观念的自主意识导致无论儿童行为是否合乎道德规范，他都不是一个道德主体。进入他律阶段后，受外在权威的引导、规范、强制，儿童逐渐开始有意识地遵守道德规范。儿童意识和行为的自觉性转变，意味着儿童的行为意识开始从他律转向自律。[②]

自律是德育的基石，学生是道德自律的主体。社会道德准则与规范只有真正内化于学生的心中，才能显示它的作用与意义。

道德领域，所谓自律，即道德自律，是主体根据自身的道德价值观念和思维方式为自己进行道德立典，并按自己道德意志行动；所谓他律，即道德他律，是道德主体以外的力量对道德主体的观念和行为的道德规范和强制性约束。[③]

---

① 夏国英.论中国当代社会的理想人格[J].江西社会科学，2002（3）：11-13.
② 李宏伟.少年儿童组织与思想意识教育概论[M].北京：首都师范大学出版社，2019：181.
③ 刘娟娟，霍东军.德育重心：从他律转向自律[J].中学政治教学参考，2019，732（18）：48-49.

他律是小学阶段进行德育的基本形式。道德他律具有约束性、被动性，从长远看，这些并不利于学生走向自主发展。道德他律是道德自律的基础，而道德自律应为他律的最终目的。只有学生能够将德育内容内化于心，将其转化为自己的思想认知和道德情感，按自己的道德意志行动，学生才能真正实现自主发展，德性培养才能够实现自主向善。

（三）发展自强品质，实现全面而有个性的发展

自主向善德育最具挑战性的目标就是发展学生的自强品质，鼓励学生争做新时代的好少年。这一目标回应了自主向善德育中"卓越自强"的要求，力求在前两个德育目标的基础上实现飞跃。

学生的成长道路上不能只有分数。我们要冲破"唯分数论"的牢笼，不断提升学生的综合素质。我们要鼓励学生追求卓越，奋发向上，不断完善自我，实现全面而有个性的发展，争做新时代的好少年。

少年儿童也是时代新人的重要构成。习近平总书记在北京市海淀区民族小学主持召开座谈会时谈道："我相信，今天这一代少年儿童一定能立志向、有梦想，爱学习、爱劳动、爱祖国……在党的阳光的沐浴下，为实现中华民族伟大复兴的中国梦时刻准备着。"[1]

现实社会中，学生因为一次考试失败、学习压力过大而出现轻生念头的现象并非个例。在新时代背景下，少年们要想站稳脚跟，健康成长，就必须努力提升自身综合素质。我们应帮助学生树立正确的人生观和价值观，形成健康的思想和良好的道德素养，锻炼健康的心理素质，发展创新意识、创新精神和实践能力等。

而在培养学生综合素质的同时，我们锤炼的其实是学生的自强品质。

---

[1] 高政，胡金木. 习近平新时代德育工作重要论述及实践要求 [J]. 国家教育行政学院学报，2020，265（1）：44-50.

我们把依靠自己主观内在的力量推动人生目标实现的现象称为自强。自强意味着人要依靠自身力量，主动作为、积极作为，以达成自己的目标；自强也意味着人要有强大的内在力量去面对成长道路上的一切曲折和困难。[①]

孩子成长的道路并非一帆风顺，人生本来就是一个不断探索的过程，有失败，亦会有成功。作为教育工作者，我们要实现学生的自主发展，就要让孩子们能够在曲折中不断前进，而自强品质就是推动这个曲折过程的内在力量。

生命的独特性告诉我们，每一个生命过程都是独特的、不可替代的、不可复制的，他人无法代劳。生命是一个唯一的过程，可以由他人代劳的就不是生命。人生目标不会自动实现，它必定是一个探索—实践—再探索—再实践的过程，同时也是一个失败—成功—再失败—再成功的过程。失败与成功是一对孪生兄弟，他们始终互相伴随。[②]

在自主发展理念的引领下，我们倡导学生德性的自主向善。人生并非坦途，我们要发展学生的自强品质，提升学生的综合素质，进而推动学生的自主向善。少年强则国强，拥有自强品质的学生才能在自主发展的道路上披荆斩棘，越走越远，走向属于未来自己的那片天地。

第二节 自主向善德育的主要举措

在自主向善德育的三个目标指引下，潼港小学德育的重要举措：其一，加强规则教育，培养学生自律守信的优秀品质。其二，开展团队活

[①②] 陈根法.成长的奥秘[M].长沙：湖南教育出版社，2019：127.

动，树立学生自主合作的团队意识。其三，依托校外实践，发展学生独立自主的生活能力。其四，搭建多样平台，提升学生自我完善的全面素质。这四大举措围绕自主自知、自主自立、卓越自强的核心内涵，立足自主向善德育的三大目标，相辅相成，共同推动学生德性的自主向善，助力学生走向自主发展。

一、加强规则教育，培养学生自律守信的优秀品质

无规矩不成方圆。规则教育是小学阶段德育的重要组成部分。它是促进小学生"人生可持续发展和成才成功"的重要基础；孩子是祖国未来的希望，小学生规则教育也是"国家民族稳定发展"的保障。① 因此，小学规则教育无疑受到各个层面的关注。

例如国家从政策层面颁布具有普适性的《中小学生守则》和《中小学生日常行为规范》，用详细的条文明确规定儿童应遵守的规则，每条规则本身就对儿童具有教育意义。除此之外，学校管理、课程教材、课堂教学等都对规则有所涉及，为儿童普及规则的内容及其蕴含的价值与意义，为儿童养成良好的行为习惯与规则意识奠定基础。②

规则教育是潼港小学德育不可或缺的组成部分，更是学校开展自主向善德育的重要途径之一，对孩子一生的发展具有重要的价值。

从教育的社会功能来看，规则教育保障教育教学活动的顺利进行，维持社会秩序的稳定；从教育的个体功能来看，规则教育有助于个体个性化与个体社会化的和谐发展。③

规则教育旨在培养儿童的规则意识和良好的行为习惯，有助于稳定

---

① 刘凡源.小学生规则教育现状调查［D］.天津：天津师范大学，2019：5.
②③ 陈扬.小学规则教育实施困境的省思［D］.兰州：西北师范大学，2020：8.

教育秩序，化解教育冲突，引导个体从他律走向自律。走向自主发展的教育离不开个体从他律到自律的转变。学生唯有实现他律到自律的转变，学生自主发展的教育才有实现的可能与意义。自律的背后是学生自主性的增强，意味着个体在教育过程中真正实现了自由发展。而规则教育正是实现这一目标的重要途径，它致力于培养有德行的、自由发展的人，是教育"由必然王国向自由王国挺进的逻辑前提"[1]，也是推进教育自由不可或缺的重要支撑。

在教育学领域当中，有"幼儿园之父"之称的福禄培尔提出，在良好的教育中，必须由"外在的约束唤起内在的自由意志"，规则"必须顺应学生的本性和需要"。蒙台梭利提出，"规则给人自由"，只有"建立在规则上的自由，才是真正的自由"，阐明了规则与自由的辩证关系，即规则是自由的前提与保障，强调规则在人自由精神养成过程中的重要性。福禄培尔和蒙台梭利是从个体内部的角度强调规则是自由的基础，自由是规则的指向。[2]

在教育过程中，规则并非越多越好。规则只有被每个孩子所接纳、理解和执行，规则教育才能真正发挥作用。[3] 在学生自主发展的理念引领下，潼港小学以培养学生自律守信的优秀品质为关键，加强规则教育，助力学生德性自主向善。一方面，潼港小学发挥少年军校的特色德育功能，通过学军、拥军、爱军等一系列活动帮助学生树立规则意识，致力于让学生在亲身体验、耳濡目染中加强对规则的认同感。另一方面，潼港小学赋予学生参与班级管理，特别是制定班级班规的权利，为学生发

---

[1] 肖茂红.规则教育：引导学生做守规矩的人[J].中国德育，2015（7）：22-23.
[2] 陈扬.小学规则教育实施困境的省思[D].兰州：西北师范大学，2020：7.
[3] 冯永刚.规则教育的偏失及匡正[J].中国德育，2015（7）：33-37.

出自己的心声，打开一扇窗。与此同时，民主参与有助于学生激发自身的内驱力，增强学生执行规则的自主意识和自律行为。此外，学校借助成长仪式教育，通过一系列仪式活动在潜移默化中传递价值观念，帮助学生在每个成长阶段建立身份认同，强化学生行为规范的养成，塑造学生品格。

（一）发挥少年军校特色，锤炼学生意志品质

少年军校是加强和改进未成年人思想道德建设，对少年儿童进行国防教育的重要载体，是推动少年儿童实现全面充分发展的重要途径，是丰富少年儿童现实生活，实现儿童更为全面的社会参与的重要平台。在教育目标和内容上，少年军校以国防教育为主题，并辅以思想政治教育、纪律教育、体能技能训练和行为习惯养成等[1]。

少年军校对于少年儿童形成正确的行为规范、锻炼坚强的意志品质、训练良好的纪律作风，都起到了积极的作用。[2]

潼港小学充分利用部队资源，创设了极具特色的德育阵地——潼港高炮少年军校。自 2008 年潼港高炮少年军校成立以来，学校与部队积极合作，全面组织、协调、指导开展活动，对学生进行爱国主义教育、国防教育、纪律教育、行为规范教育、艰苦奋斗精神和坚强意志品德磨炼教育。

十几年来，少年军校早已成为潼港小学的特色德育阵地。现如今，在自主发展理念的引导下，学校以少年军校的一系列活动为载体，努力

---

[1] 丁少华，杨夺. 少年军校现状及其教育功能研究——基于北京市两所少年军校的实证调查［J］. 青少年研究与实践，2016（4）：55-59.
[2] 云南省国防教育办公室，云南民族大学人民武装学院编. 国防教育（小学）［M］. 昆明：云南人民出版社，2014：54.

探索新形势下少年军校工作的新方法和新途径，积极开展形式多样、生动活泼的教育活动。学校以爱国主义教育为根本，以行为规范和规则意识养成为关键，通过军训、祭扫烈士墓、参观军营、国防教育日等一系列活动，促进学生走向自主发展。

少年军校这一特色德育阵地，有助于学生增强体格，增强国家意识，磨炼吃苦耐劳的意志，养成良好的行为习惯，培养勇敢自信、不怕困难的精神。正如潼港高炮少年军校之歌所唱：

鲜艳的军旗在迎风飘扬，我穿上绿军装英姿飒爽。肩负着祖国的责任，惦记着人民的期望。立正稍息，遵守纪律，一切行动听指挥记心上。摸爬滚打，磨炼意志，不怕困难和挫折我坚强。潼港的雏鹰，这里成长。练硬了翅膀展翅飞翔。

意志、纪律、责任是少年军校的代名词。实践证明，潼港高炮少年军校是潼港小学学生感知博大的国防知识，体验军人炽热爱国情怀的学园，是培养学生坚强的意志品质、严明的纪律意识以及强烈的责任意识的基地，更是学生自我健康发展的乐园。潼港小学充分发挥少年军校的特色，帮助学生树立规则意识，助力学生自律守信品质的养成。

（二）人人参与班级管理，激发学生内驱力

在班级建设过程中，潼港小学充分发挥学生的主体地位，抓住时机放权让位，给予每位学生参与管理的机会，建立起平等和谐的师生关系，让学生自己制定管理规则，培养学生的主人翁意识和集体荣誉感，进而让学生主动地"服管"，规范自己的行为，更好地实现自我成长。举几例说明：

（1）班规由学生自己制定。中高年级学段，教师可以给予学生更大的自由，征求学生的意见，让学生参与制定班规。这种制定班规的方式可以让每个学生意识到自己不再是一个被动的班级制度遵守者，班规不再是一个压制性、强制化的东西，而是由自己的意见转化而来的，是使自己更有效地学习和生活的保障①。因此，学生更容易从内心理解、认同并自觉遵守班规，从"他律"走向"自律"。

（2）班委由学生民主选举。学校采取学生民主选举的方式产生班委领导班子，在班级工作中推行自荐、讲演、投票三结合的方式进行班干部的竞选，大胆放权给班委，发挥他们的主观能动性与工作的积极性，使他们有一个宽松的工作环境，使他们真正成为班主任的得力助手与班级的中坚，充分发挥班委会的核心力量，带动人人参与班级管理。

我的班委我来选

"我宣布'放权'，以前的班干部也全部免职，由学生民主选举产生新一届班委会。通过自我推荐、民主投票，确定班委会。每一名同学都有权利竞选自己心中的理想班干部角色，都要准备好竞选的演讲稿。"一位老师在班会课上宣布。

改革班会开始了，老师只是简单地说了一下规则，剩下的就是学生们展示的时间了，大家争先恐后地上台演说。

学生1："我想当班长！我当班长不是为了炫耀，而是想好好地为同学们服务，积极协助老师开展好各项活动，管理好班级……请大家支持我，投上神圣的一票！谢谢大家！"

学生2："同学们，我知道自己学习不好，但是我爱劳动，希望大家给我一个机会，让我当劳动委员，我会把咱班的卫生管理得更好。"

学生3："我想当体育委员，管理好班级的两操，让同学们锻炼好身

---

① 张艳芬.基于区域特色的小学班级文化建设研究[J].教学与管理，2015（3）：82-84.

体，如果我做得不好就请大家直接罢免我。"

……

日常管理人人有事做。学校尝试将班组活动的主动权交给学生，诱导学生自己进行班级管理，尝试制订班级管理计划，尝试独立开展班组活动，完成班组工作任务，以期唤醒学生的主体意识，激发学生的主动精神，提高学生的班级管理能力，帮助学生创造乐观自信的人生，达到全面提高学生综合能力的目的。学校倡导"人人都有小岗位，个个热心为集体"的理念，在发挥班委会核心力量的同时，让班级学生人人有事做，事事有人做。每个班级就是一个中队，学校号召队员们自己设计中队LOGO，制定中队公约，自主竞聘，在中队里设置小岗位，形成"小家务"的管理模式，如"用电管理员""卫生监督员""图书管理员""课间活动小督察"等。

在这样的氛围下，规则教育已经内化为学生的自我教育，小小岗位背后是重重的责任。

（三）借助成长仪式教育，强化行为规范养成

"入学仪式、入队仪式、十岁成长生日会、入军营仪式、毕业典礼"，这五个仪式贯穿着潼港小学每个孩子的小学时代，见证着每个阶段孩子的成长旅程。学校把这"五大仪式教育"称为学生成长的核心主题活动，以年级组、家委会为主线推进，做到"五有"：有主题、有方案、有焦点、有创意、有回音。让学生有"四得"：得到展示、得到关注、习得感恩、习得责任。下面简单描述入队仪式。

入队仪式意味着学生们成为一名少先队员。在仪式上，队旗招展，队歌嘹亮，学生们系上红领巾，感受到成为少先队队员的荣光；在向师长行队礼的环节中领会少先队组织的礼仪规范；在队旗下的庄严宣誓中明确自己作为少先队员的责任。①

在仪式教育过程中,学生们实现了身份认同,即认识到自己已加入少先队,成为这个光荣组织中的一员。同时,从佩戴红领巾到庄严宣誓,学生们在情境中获得较高的情感能量,激发心中的责任意识,在未来的学习生活中可能展现出更加自信、热情和主动的一面,更好地实现自主发展。

入队仪式作为一种行为方式,对于参与者(学生)来说,具有行为"示范"的意义和价值。入队仪式活动中,象征性事物、活动、行为的展演和表达,将抽象的红色思想、社会主义核心价值观变成了具体的行为。学生通过感知和体验,调整自己的情感、态度和行为。②

仪式教育的氛围不仅感染了学生,还让参与活动的教师和家长深受鼓舞,因为他们看到了孩子身上涌现的责任感和使命感。而这种责任感和使命感也潜移默化地调动起学生的主观能动性。胸前的红领巾迎风飘扬,我们看到了学生自觉接受规则教育的倾向,他们主动鞭策自我,以更加精神的样貌迎接新的阶段,从思想上、行动上真正体现了少先队员的风范。

二、积极开展团队活动,树立学生自主合作的团队意识

在学生自主发展理念的引领下,潼港小学积极开展团队活动,以树立学生自主合作的团队意识为关键,实现活动育人,促进学生良好德性的发展。首先,学校依托少先队队伍建设,以少代会为重要平台,为学

---

① 徐水婵.由仪式思维谈少先队入队仪式教育[J].教学与管理,2015(26):6-8.
② 查雨竹,伍建清.少先队入队仪式的育人价值及实现路径[J].教育科学论坛,2021,No.551(29):27-30.

生提供合作管理机会。其次，学校借助每月特色专题活动，依托艺术表演、诗文朗诵、美术创作等丰富多彩的活动形式，为学生搭建合作的桥梁，促进学生自主学习与合作。

（一）依托少先队队伍建设，激发队员主人翁责任感

学校开展"举队旗、敬队礼、过队日"活动，在少先队员中开展队史、队情、队知识教育，激励他们继承和发扬少先队的光荣传统，增强他们的光荣感和自豪感。大队部向三至五年级各中队下发"潼港小学少代会代表提案登记表"，在各中队辅导员及中队干部的组织下，号召队员们"用小眼睛看校园，小耳朵听民声，小脑袋想策划，小手写提案"。

少先队代表大会，是由队员代表为主体的会议，是队员学习民主、发扬民主、培养民主能力和主人翁思想的重要形式。每年的少代会是所有少先队员的盛会，是队员们参与学校管理，履行学校小主人职责的大好时机。在大会上，每一位苗苗儿童团员、少先队员都可以畅所欲言，把自己心中对学校少先队工作的想法、意见和建议告诉代表，代表们将在少代会上充分行使自己的权利，履行代表的职责，使少先队工作开展得更加蓬勃有生机。[1]

少代会提案工作是少代会行使参与少先队民主管理和民主监督职能的一项重要工作，是广大少先队员关心队组织发展的表现，是广大代表履行职责、行使民主权利的一项重要内容，是激发队员主人翁责任感，推进其自我完善的重要途径，也是充分发挥队组织群体作用的重要载体。

我们的各中队辅导员鼓励学生向学校少先队组织提出建议和批评，给予学生充分参与管理的机会。负责教师先对学生进行指导，细心地告

---

[1] 蒯峰梅. 师生成长的智慧园 [M]. 上海：同济大学出版社，2016：195-196.

诉学生们"什么是学生提案""征集学生提案的意义何在"等内容，普及学生提案征集活动的相关知识，引导学生们学会合作，培养学生发现问题的能力，激发每位学生参与学校管理的热情。

学生提案所引发的关于自主德育理念的实践与探索，成就了一大批学有所长的孩子。学生逐渐形成了真实的自我认知，开始真正发出自己的声音，自主成长的意识和能力得以提高。[①]

在征集少代会提案的过程中，我们欣喜地看到了学生们敢于发声的一面。例如，在有关学生心理方面，孩子们表达了"不知如何与父母、老师有效沟通"的困惑；在校园安全方面，孩子们指出了雨天校门口拥堵、塑胶跑道存在小破洞的问题；在后勤保障方面，孩子们指出学校午餐存在口味单一、浪费严重的问题。看到这些提案，我们倍感欣慰，因为孩子们具有一双发现问题的眼睛，他们的提案都关系着他们平日的学习生活与成长。依托少先队的建设，学校以少代会为重要平台，使得学生们在合作管理中得以提高自主成长的意识和能力。

（二）借助特色主题活动，搭建学生展现自我的平台

潼港小学德育活动主题丰富多彩，主要包括爱党爱国、国防科技、行为规范、文明礼仪、安全法制、环保卫生、心理健康、生活技能等。

以安全法制教育为例。加强学生的安全法制教育，有助于促进学生的健康成长。学校结合学生实际，利用国旗下的讲话、主题班会、晨会、专题讲座等契机，加强安全知识的宣讲教育，组织开展安全演练等活动。同时，潼港小学鼓励学生参与创作横幅、标语、专题黑板报。在共同创作的过程中，学生的安全法制意识、交通安全意识得以增强，他们的自

---

① 王红顺.学校管理的N个创意[M].济南：山东文艺出版社，2013：334.

主合作能力也得到提高。此外，潼港小学充分利用校外资源，邀请校外专家学者为学生科普法律知识，通过情景表演等形式让学生在自主合作中加深对法律的认识，从而努力做一个知法、懂法、守法、用法的好公民。

模拟法庭活动

为了提高青少年法律意识，高桥司法所、潼港小学联合华东政法大学"法萌普法"团队开展了"典"亮青春，与法同行——《民法典》进校园模拟法庭活动。

活动一开始，史律师从《民法典》主要内容、《民法典》与我们生活的关系等方面展开，告诉同学们颁布《民法典》的重要性。在史律师的邀请下，同学们踊跃发言。近年来，由高空抛物而导致的无辜市民伤亡事件屡屡发生，经由媒体报道而引起全社会的广泛关注和讨论。随后我们邀请几位同学表演了由真实案件改编的"皮皮高空抛物"的情景剧。

案情简介：家住16楼的五年级学生皮皮暑期独自在家，随手扔下一个苹果，恰好砸中经过的鲁鲁，鲁鲁被砸后不幸当场昏迷，后被鉴定为二级伤残。鲁鲁家属第一时间报警，后经民警调查，发现是皮皮所为，鲁鲁家属将皮皮及其监护人告上法庭，索赔100万元。

几个小演员的热情演出，生动形象地演绎了生活中高空抛物的危害。情景剧结束后，我们的模拟法庭审理就正式开始了。在庄严肃穆的模拟法庭上，小演员们认真演绎了"皮皮高空抛物案"。

通过这次活动，孩子们在"法庭"审理中了解到高空抛物的危害，学会了自我保护的方式。

学校借助每月特色专题活动，为学生提供展现自我的平台。学生在活动中习得相关主题知识，并学会合作。丰富多彩的活动形式也激发了学生的兴趣，调动起他们的主观能动性。学生们乐于参与活动，喜欢这种自主合作的氛围。如此，每月特色专题活动在形成德育效果的同时，也推动着学生走向自主发展。

三、依托校外实践，发展学生独立自主的劳动能力和生活能力

在学生自主发展理念的指引下，潼港小学十分重视发展学生独立自主的生活能力，这是学生德育不可或缺的内容。为此，潼港小学主要做出了以下努力：首先，鼓励学生探访身边劳动榜样，让学生了解每一份工作背后的艰辛，进而引导学生从思想上尊重劳动，懂得"幸福是创造出来的"。其次，依托少年军校，开发"童心农场"作为"学军学农劳动实践基地"，帮助学生学会劳动。最后，充分利用校外资源，借助校内安全体验教室和校外科普基地开展生活专题的活动，以期丰富学生的生活常识。

（一）探访身边劳动榜样，引导学生尊重劳动

榜样示范法是一种常用的德育方法。与其让学生通过电视屏幕来了解劳动，不如让学生在平日里通过观察身边的劳动榜样来领会劳动的不易。考虑到各年级学生的认知能力不同，学校利用劳动教育宣传月的契机，积极开展有针对性的劳动榜样寻访活动。在一、二年级阶段，学校鼓励学生找一找、评一评家里或身边谁是最美劳动者。在三至五年级阶段，学校鼓励学生以个人或雏鹰假日小队的形式，寻访身边的劳动榜样，如劳动能手、行业模范，了解他们在各自岗位上的光荣和梦想。他们可能是家人亲戚，也可能是不认识的医生、警察、保洁员、快递小哥、超市收银员或其他劳动者。

每个同学的心里，都有自己认可的劳动榜样：

奶奶是家里最美劳动者，家务样样行，种花种树也不赖！

我的妈妈是一名医生，有时放假的时候她还需要去值班，每当病人有紧急情况时，一个电话她就急忙去医院了。她的工作很辛苦，可是她很热爱自己的工作！

辛勤工作的爸爸是我心中最美的劳动者！他经常熬夜加班，特别累，希望他保重身体！

我的同班同学（徐同学），是我身边最勤劳的人，每次班级的地上有脏东西，他都第一时间及时清理，不怕脏不怕累，我要向他好好学习！

我们的身边有这样一个劳动群体——环卫工人，节日里依然坚守在岗位上。他们辛勤工作，默默奉献，用劳动守护这座城市的整洁。

每当放假，曾祖母就会亲手为我们制作满满一桌的菜肴，每一道菜都是人间美味。我的曾祖母不是专业厨师，却是我心中的"最美劳动者"。

在寻访劳动榜样之时，学生们也会尝试帮奶奶浇浇花，和爸爸一起站站岗；活动后，学生们还会通过写日记、制作手抄报等形式记录下劳动榜样的故事。如果只是将"劳动最光荣、劳动最崇高、劳动最伟大、劳动最美丽"的观念告诉学生，他们可能只会将其视为一句口号，没过多久就抛诸脑后。但是，让学生们在行动中去体验劳动的艰辛与不易，劳动创造美好生活的意义，这种体验将会是更加深刻的。在寻访体验中，"劳动最光荣、劳动最崇高、劳动最伟大、劳动最美丽"的观念如雨露甘泉缓缓流入孩子心中，引导他们尊重劳动，崇尚劳动，懂得美好的生活离不开劳动。如此，学生们才能从思想上更加接纳独立自主生活能力培养的必要性，最终实现自我教育，收获成长。

（二）开发"童心农场"，帮助学生学会劳动

2019年，潼港小学开发了"童心农场"作为"学军学农劳动实践基

地",为学生了解社会、了解自然、了解科学、参与生产实践、接受劳动教育开辟了良好的途径。"童心农场"少年军校学农基地的职能是：在班主任老师、党团员老师的带领下，在家长志愿者的协助下，积极贯彻国家教育部"五育"并举的要求；指导学生通过体验劳动、参与种植，提高探究的意识；培养学生热爱集体、热爱劳动、遵守纪律、担当责任的精神；让学生体验劳动教育成果，发扬少年军校优秀小军人的作风，历练身心。

在"童心农场"中，潼港小学开展小组劳动承包、劳动比赛等活动，引导学生亲身参加劳动实践，同时鼓励学生在劳动实践中进行探究学习。教师和学生一起劳作，帮助学生认识不同作物，认识农作用具，并引导学生自己动手劳作。教师生动的讲解充分调动了学生的好奇心和兴趣。在教师讲解完后，学生之间可以互相组队，参与作物的栽培，跟进作物的成长情况，在实践中体会劳动的辛苦和快乐。

"教"就是引导学生"学"，最终达到学生人人不需要教，而能够自学的目的。"童心农场"的劳作实践很好地体现了这一点，劳作中学生的主体性得到了很好的发挥。在教师的引导下，学生可以通过自主活动生成生活和学习的经验。当然，在作物栽培时，也常常会出现不成功的现象。这时，教师又能够适时地对学生开展挫折教育，鼓励学生不要气馁，继续尝试。抗挫折能力也是学生走向社会必备的生活能力。学校依托童心农场，以帮助学生学会劳动为切入点，以发展学生独立自主的生活能力为关键，为学生走向自主发展奠定了良好的基础。

（三）借助校内外活动体验区，丰富学生生活常识

丰富学生的生活常识是培养学生独立自主的生活能力的重要一环。学校依托校内安全体验教室和校外科普基地开展生活专题的活动，丰富学生的生活常识，帮助学生养成良好的生活习惯，培养学生必备的生活技能。

一方面，潼港小学设置安全体验教室，通过教师引导、游戏互动、场景模拟、知识问答等一系列的教学方式，帮助学生强化安全意识，增强防灾避险知识，提高自救互救能力。学校设有交通安全体验区、出行安全体验区、应急救护体验区和消防安全体验区，形式多样，让学生们在活动中锻炼生活能力。

交通安全体验区主要以交通模拟过马路的形式展现。孩子先观看一小段交通安全宣传片，感受交通安全的重要性。观看完宣传片后，孩子可以体验交通模拟过马路系统。借此，孩子能够在轻松的游戏体验中获得交通方面的知识，大大加强了知识学习的趣味性。

出行安全体验区主要包括结绳展板、溺水知识展板。孩子们按照结绳展板所展示的各种打结方式使用下面的绳子进行打结练习。教师手把手教学，帮助孩子学习各种打结方式，了解各种绳结在野外出行时的用途。

应急救护体验区设有AED（除颤仪）学习机、模拟人，可以让学生学习AED的使用、心肺复苏，以及其他应急救护流程。主要包括心肺复苏术的学习以及AED的使用方法学习。教师用最简单的语言帮助孩子了解最基本的应急知识，教会孩子遇到紧急情况如何向外界求救。

消防安全体验区的体验活动包含三个部分：一是模拟火灾起火后，怎样打119火警电话；二是结合灭火器使用方法展板，练习灭火器的使用；三是使用家庭火灾查找系统进行家庭各个场景的火灾隐患点查找。孩子们在体验过程中可以了解到正确的火灾逃生技巧、火灾报警的要领以及正确使用灭火器在火灾初发期进行灭火的技能。

另一方面，潼港小学借助校外科普基地，开展研学活动。在增长学生科技知识的同时，也帮助学生丰富生活常识，如垃圾分类知识、生活用水知识等，以期让学生更好地学会生活，养成独立自主的生活能力。

科普研学活动

2021年6月，潼港小学学生前往黎明固体废弃物处理科普基地和开能环保水处理技术科普基地，开启了科普研学"奇思妙旅"。

在黎明固体废弃物处理科普基地里，基地展厅以视频和沙盘的形式给同学们十分直观的感受。沙盘的内容包括整个园区的建筑，工厂的内部结构，各类垃圾的处理过程以及处理的结果。在参观过程中，老师和同学们共同探究了垃圾的分类以及不同类别的垃圾应该如何处理，同学们都兴致勃勃地进行记录。参观完展厅，科普基地精心设计了垃圾分类小游戏，同学们不仅可以直接运用刚刚学到的知识，还考验彼此之间的默契。在垃圾分类小游戏的边上还有发电机小实验，只要摆动手柄就可以使风车转动，灯条发光，同学们都玩得不亦乐乎。

在开能环保水处理技术科普基地里，基地老师带领同学们体验了硬水和软水的区别，参观了工厂先进的自动化流水线，和顶楼的人工生态湿地，品尝了经过处理的净水。最令同学们觉得有趣的是水实验，蓝色代表了水中的余氯，通过活性炭吸附可以去除，使水变成合乎标准的净水，粉色代表了水中的钙离子、镁离子，利用树脂上钠离子与它们交换从而使硬水变成软水。通过小实验，同学们不仅觉得十分有趣，还学到了很多生活小知识。

学会生活是生存的基本要求，是学生可持续性发展的基础。学生要走向自主发展，应该具备基本的生活常识和技能，养成良好的生活习惯。

四、搭建多样平台，提升学生自我完善的全面素质

学校积极搭建多样化的平台，以自主发展为核心，努力提升学生的综合素质，助力学生的自我完善。重要举措：其一，学校打造特色场地，融合艺术教育与德育，充分发挥学生的特长和优势，为"红领巾小百灵"搭建"大舞台"，让学生们有充分展示自我的机会；其二，学校用好阳光体育时间，增强学生体质，提倡健体养德，培养"红领巾小健将"；其三，学校重视培养学生的创新精神和实践能力，以科技节为主阵地，鼓励学生敢于创新，争当"红领巾小创客"。

（一）打造潼心特色舞台，成就"红领巾小百灵"

潼港小学在进行学生德育时，十分重视德育与美育的协调作用，以艺术为载体，开展德育活动。

在平日的教育教学活动中，我们欣喜地发现潼港学子身上的艺术细胞；也很欣慰，学校有艺术节的传统，这些"红领巾小百灵"可以在舞台上展示自己的艺术特长。在自主发展理念的引领下，潼港小学更加重视学生的主体地位，力求给予学生更大的平台，发挥艺术教育的特殊功能。艺术教育的载体是艺术作品，那些优秀的艺术作品，往往具有很大的影响力和感染力，容易让人产生思想和情感上的共鸣，进而产生良好的教育效应。为此，我们鼓励学生自己创作艺术作品，并致力于融合艺术教育与德育，让学生们在展示自我的同时，更能通过多样的艺术形式达到自我教育的目的。

在中国共产党建党100周年之际，各班学生以"笛韵颂、中华梦""童心唱响民族梦""红色寻根忆初心""红色经典赞英雄"等为主线，演奏红色乐章、唱响红色歌曲、朗诵红色诗词、演绎红色剧目，在活动

中去体悟革命先辈们坚定的信念和乐观的精神。

学校没有舞台怎么办？那我们就给学生创造舞台。我们不仅要创造舞台，还要创好舞台。潼港小学充分利用物理空间，着力打造"潼心剧场"，并结合红领巾小电台、红领巾宣讲堂、红领巾演奏会等，采用校园直播、网络发布等方式，为学生搭建展示自我的舞台。

平台有了，就差时机了。为此，学校抓住"六一""国庆""建队节"等纪念日及重大时间节点，开展歌咏比赛、乐器演奏、诗歌朗诵、故事讲述、小品表演等内容丰富、形式多样的活动。

学生们不仅获得了充分展示自我的机会，更能够在艺术排演过程中领悟相关主题的意义，让心灵接受一次洗涤和陶冶，达到德育目的。

（二）用好阳光体育时间，培养"红领巾小健将"

增强学生体质，促进学生健康成长，是开展其他教育教学活动的基础。学生没有健康体魄，何谈走向自主发展。因此，学校积极用好阳光体育时间，努力培养"红领巾小健将"。

阳光体育强调引导学生走出教室，走向操场，走进大自然，走到阳光下，身体力行开展体育活动。[①]在学校里，各班级充分利用课间操、体育课、主题班会等，组织开展体育活动，培养"红领巾小健将"。同时，潼港小学以年级为单位，开展创新多样的体育赛事，如冬季跳踢拍比赛、趣味运动会等。此外，潼港小学鼓励学生积极参加区域比赛，例如阳光体育大联赛中小学生在线广播操比赛、"聚咏堂杯"第五届中小学咏春拳比赛、浦东新区阳光体育空手道比赛等。学生在运动中体会乐趣，激发热情，提高身体素质，愉悦身心，共同构建积极阳光的集体。

---

① 孙卫华，户良斌主编.体育与健康［M］.西安：西北大学出版社，2017：48.

不仅如此，潼港小学还充分挖掘体育活动中的德育元素，融合德育与体育，力求更好地促进学生发展。

德育与体育相融合，有助于学生学习体育知识，并更准确地认识生命和健康生活之间的关系。同时，将德育作为教育的灵魂注入体育教学，不仅可以使学生充分领会体育之魅力，还可以使学生深入了解何为体育精神，最终促使其更加团结、奋进与坚强，摆脱精神上的懒散与身体上的懒惰。[1]

在日常教学上，我们有意识地对学生进行意志品质教育和规则教育，培养学生坚持不懈的毅力和规则意识；在团队项目上，我们引导学生积极地与同伴进行合作学习，与对手公平竞争，帮助学生构建良好的竞争关系，发扬团队精神，培养学生的集体荣誉感；在大型比赛中，我们鼓励学生勇于拼搏，不怕失败，培养学生良好的心理素质。此外，借助咏春拳等专项体育赛事或活动，我们向学生普及相关文化知识，让学生更好地了解其文化内涵与体育精神。潼港的"红领巾小健将"不仅身体素质要好，更应具备良好的品德。健体养德，二者不可偏废。

（三）依托科技节主阵地，争当"红领巾小创客"

素质教育是以培养学生的创新精神和实践能力为重点的教育。实践创新也是中国学生发展的六大素养之一，要求学生"理解技术与人类文明的有机联系，具有学习掌握技术的兴趣和意愿；具有工程思维，能将创意和方案转化为有形物品或对已有物品进行改进与优化"[2]等。

---

[1] 李家圆，杨永国.德育与"四育"融合的意义与路径[J].中学政治教学参考，2022，879（39）：30-32.

[2] 核心素养研究课题组.中国学生发展核心素养[J].中国教育学刊，2016，282（10）：1-3.

第二章 | 加强学生体验，构建自主向善德育之路

在学生自主发展理念的引领下，潼港小学德育不仅重视学生情感、态度和价值观的培养，还重视学生创新意识和实践能力的培养。"畅想未来世界，争做科学先锋"，潼港小学融合科学教育与德育，以科技节为主要阵地，为学生打开了解科学知识的大门，为学生提供动手创新的平台。学校结合学生的身心发展特点，尝试发掘学生的创新意识，鼓励学生主动发现、自主研究、自主创新。

在科技节筹备阶段，各班孩子集思广益，参与设计会标与吉祥物，成果最终由家长和教师依据喜欢程度投票选择。邀请孩子们一起设计会标与吉祥物，激发了孩子们的积极性和热情，也培养了孩子们的想象力和创新思维。

在活动开幕式上，孩子们可以穿上亲手制作的"奇装异服"，各班以方阵的形式出现在操场上。你会看到孩子们亲手制作的科技环保类主题服装秀、形态各异的帽子秀、汽车人方阵、平衡车方阵、"二十年后的我们"方阵、航天方阵等。孩子们踊跃争当"红领巾小创客"，大显身手，展现科技的魅力。

看，一个个奇思妙想、形态各异的主题方阵队伍缓缓走来。一年级的小娃娃和四年级的大哥哥、大姐姐穿上他们亲手制作的科技环保类主题服装闪亮登场。他们运用现成的材料制作出精美的服装体现了环保创新理念。

瞧，三年级的同学利用纸箱，制作汽车人模型，化身为汽车人战队。经过几个星期的排练，他们变换出各种队形，看得同学们欢呼雀跃。

在科技节上，丰富多彩的方阵、有趣的科技游戏，无不激发了孩子们对于科学知识的好奇心。不仅如此，依托方阵表演活动，他们的创新精神与实践能力也得到了培养。科技节里，潼港小学的校园内到处撒播

着创新的种子。平日里，孩子们也乐于用科学知识解释一些现象，做做手工，改造旧物，这正是创新的种子在他们心中萌芽啊！

第三节 自主向善德育的主要成效与基本经验

潼港小学以新优质学校的创建为契机，进一步深化"责任教育"特色，尤其在学生活动中彰显了德育的特色。德育部门以养成教育为抓手，以主题活动为载体开展，把学校特色融入德育。在自主发展理念的引领下，潼港小学立足于学生的全面发展、和谐发展、终身发展，贯彻落实自主向善德育的三个要点，取得了卓越的德育成绩，并产生了示范辐射的作用。

一、自主向善德育的育人成果

在全体潼港人的不懈努力下，学校先后荣获上海市安全文明校园、上海市行为规范示范校、浦东新区文明单位、浦东新区法制教育示范校、浦东新区心理健康示范校、浦东新区校本研修学校、浦东新区素质教育实验学校、浦东新区少年军校、浦东新区艺术特色学校、浦东新区新优质学校、上海市未成年人保护工作先进集体、上海市双拥模范集体等多项集体荣誉称号。

学校以"家庭责任教育的有效尝试与研究"科研课题为引领，建立起一支家庭教育团队，由以校长为首的学校领导、德育室全体成员、年级组长、班主任、科任教师、优秀家长等共同参与，为学校开展家庭责任教育指导提供人才支撑。同时，学校发挥"家长学校"的作用，为家长开设一个学习平台，引导和帮助家长肩负起责任，树立正确的教育观、教养态度，发挥合力，共同促进孩子的身心健康发展。

更重要的是，在自主向善德育的影响下，学生们变得更加自信、自律与自立。他们可以在丰富多彩的德育活动中找到属于自己的舞台，也能够在自主管理的民主氛围中自觉矫正自我行为，达成自我教育。学生们懂得尊重自我与他人，从他律转为自律，追求卓越，奋发图强，努力成长为具有向善之心的新时代好少年。

在学生自主发展理念的引导下，潼港小学德育工作取得了良好成效，也产生了区域示范的作用。例如，学校融合艺术教育与德育，在艺术教育发展的道路上不断探索。为把艺术特色做得更亮更好，学校积极为师生搭建展示艺术素养的平台，推动德育创新的区域交流。学校开展了以"潼心飞扬，艺术伴我成长"为主题的新优质学校建设背景下学校艺术教育工作区级展示活动。200名师生受邀参加了由上海市同心家园共建理事会主办的"千笛心向党，共筑中国梦"文艺汇演；举行了主题为"笛韵悠扬，精彩绽放"第五届笛文化艺术节的署级展演活动。同时，潼港小学师生经常受邀担任高桥镇的大型主题活动节目主持，参加团体表演，在区域内有着很高的评价。此外，潼港小学注重与外省市兄弟学校的交流合作，共谋德育发展。例如，2019年，贵州教师团来校访问交流，两校教师一起交流各自学校的现状及未来发展趋势，讨论潼港小学在德育创新上的心得体会。

二、自主向善德育的基本经验

立足于学生自主发展的核心理念，自主向善德育取得了可喜的成绩。其基本经验主要有以下三点：创新优化活动，丰富学生情感体验；拓宽物理空间和虚拟空间，助力学生自主发展；多方协同共育，助力学生自主发展。

（一）创新优化特色活动，丰富学生情感体验

潼港小学主张学生自主发展，就是要逐渐放开管束，让学生能够自主成长，让学生的德性也能够自主向善。而德育工作中可能出现的失效与异化问题就是我们自主向善德育需要率先规避的。为此，学校致力于活动的创新与创优，力求丰富学生的情感体验，强化学生的道德认知，更好地激发学生的道德自觉。

一方面，我们积极创新活动形式。例如，升旗仪式、主题班会是学校的传统德育内容。在自主发展理念的引领下，我们尝试把"国旗下讲话"的机会交给学生，让学生讲给学生听，更具说服力，同时能够起到榜样示范的作用。我们尝试在班级管理上放权，班会主题由老师和学生共同商量决定，班会课上让学生畅所欲言，构建民主和谐的班级氛围。不仅如此，在各主题的特色德育活动中，我们推陈出新，不断优化活动内容，激发学生的好奇心与兴趣。如让学生参与设计科技节的活动图案、模拟一场法律庭审活动、为家长设计安全头盔，等等。这些活动不仅赋予了学生自主权，还因为多样的形式调动了他们的参与积极性和热情。学生们倾心投入，在丰富的情感体验中陶冶心灵。

另一方面，我们努力优化特色活动。例如，学校有少年军校和特色农场，这些活动场所都是我们开展德育的重要阵地。在自主发展理念的引导下，如何用好这些特色资源是我们教育工作者需要思考的。在少年军校活动中，孩子们就是一个个"小士兵"，需要给予其充分的角色认识，让他们承担起自己的责任，努力完成好每一场训练。在特色农场里，我们适时放手，拒绝做"一手包办"的教师，给予学生实际操作的权利和机会，引导他们掌握劳动技能，而非全程示范。我们力求这些特色活动能够办得优秀，而要做到"优秀"，就要摒弃"说教""包办""一言堂"的思维，重视学生的主体地位，丰富学生的情感体验，助力学生的自主发展。

（二）拓宽物理空间和虚拟空间，助力学生自主发展

学生要自主发展，必然离不开自主发展的平台。学校努力拓宽有利于学生自主发展的物理空间和虚拟空间，为学生实现自主发展保驾护航。

首先，学校聚焦学生的兴趣与特长潜能，着力打造和修缮校园新地带，为学生提供更多优质的自主活动场所，建有开放式图书馆、校园小剧场、校园演播室、创新实验室、学生活动中心、校园小农场等。我们期望学生在自主活动中能够更好地认识自我，提升自知意识，树立自信心。

其次，学校充分利用社会资源，将德育活动地点设在符合活动主题的特定场所，比如公园、消防局等，这增强了学生的参与体验，提升了德育效果。例如，在消防安全主题活动中，我们将活动环境设置在真实的消防局中，当学生们看到了消防员和消防用具，脑袋里肯定充满了好奇，他们的自主性得到激发。不仅如此，学生们可以在实地进行演练，加深他们对于防火救火相关知识的记忆与理解。

再次，学校确保学生有机会在适合的岗位或平台实现自我管理和自我教育。例如，我们倡导人人参与班级管理，让大家都"各司其职"，增强了学生的责任意识和集体荣誉感，激发学生规范自我行为的自觉性和主动性。不仅如此，在少代会上，我们重视学生的话语权，关注学生的需求，鼓励学生发现问题，敢于提出问题。

最后，我们还引导学生自主开展德育活动，让学生从自己的道德意愿和兴趣出发，进行"自主策划、自主组织、自我服务"[①]。例如，鼓励学生自由组队，自由选择实践地点，自由开展相关德育活动。教育者适当放权，给予学生更多的思考与选择机会，有助于激发学生的潜力，培养学生的主动性、积极性和创造性，推动学生的自主发展。

（三）多方协同共育，助力学生自主发展

潼港小学加强"三结合"育人网络建设，积极营造学校、家庭、社会三结合的育人环境。

一方面，学校通过召开家长会，对家长辅导的内容、方式、方法进行指导。在此过程中，学校特别重视单亲家庭、离异家庭、贫困家庭等特殊家庭家教工作的指导和该类家庭学生的教育和管理。学校不仅重视家校合作，更注重协助家长优化教育方式。例如，学校重视"家长微课程"建设，尽力发挥各级家委会和家长志愿者的作用，开设"家校学堂"，助力家庭教育理念的更新与家庭教育方式的优化，以期更好地发挥育人合力。另一方面，学校建立健全与所在社区及居委的联系制度，为合力育人提供生动资源。与此同时，学校也努力拓展社会实践基地和参访单位，为学生接触社会、了解社会创设平台。道德教育本源于生活，也应该归于生活[②]。学校与社会的紧密联系，有助于德育的生活化。学校以学生真实的道德生活为主要资源和参照，选取贴近学生直接生活经验的事件或依托实地考察或实践，让德育内容"活"起来，唤起学生情感共鸣，激起学生生活体验和感悟，让学生自主发现道德本真，领悟道德真谛。

[①] 郭辉，韩玲.济南市历城区洪家楼小学：坚持有格德育，促进自主发展[J].中国德育，2020（6）：59-62.

[②] 刘晴.德育生活化研究[D].济南：山东大学，2006.

总之，我们要让家庭、学校和社会教育在内容、方法、效果上各扬所长、功能互补、相互协调，三方齐抓共管，确保德育实效。只有通过全方位的、细致的、和谐统一的育人体系，自主向善德育才能有效实施，真正奏响学生自主发展的主旋律！

第三章
建设"潼心课程",满足学生个性成长自主需求

教育必须尽可能地关注学生生命的差异性,以学生原有的知识经验为新的生长点,创造有利于学生独特性发展的情境,最大程度地激发学生的发展可能性。正是带着这份对学生个性化的尊重,潼港小学踏入了满足学生个性成长自主需求的"潼心课程"的建设之路。一路走来,集众人之力,采前人之成。各位老师不断求索;众多家长默默出力、无私奉献;大量学生渴望知识、频频发问,从而不断挖掘着、扩展着、充盈着"潼心课程"的内涵。

第一节 "潼心课程":融合学校特色的自主课程

课程是教育的主要载体,通过课程帮助学生走向自主学习,获得自主发展。潼港小学注重激发学生的学习需要与兴趣,引导学生获得积极的、深层次的体验,给学生足够自主的空间、足够活动的机会。自主课

程能够满足学生个性发展的需求。在自主课程中，学生主动求知、主动探索、主动思维、主动实践，最终实现自我价值。

自主课程，是学生个体自主发展课程的简称，是指学生依据个人的兴趣与需要、理想与抱负、潜质与特长自行设计学习目标，自行选择学习内容，自主决定学习进程与方式，自我评价与管理以实现人生自我发展的个性化课程。自主课程是相对于非自主课程而言的，非自主课程也可称为外源式课程，是指外界强加给个体的课程，并非出自个体自身的选择和意愿，非自主课程已不能满足现代社会及学生的需要。自主课程面对每一个独立的学生，充分尊重个体及每个学生的特点，意在充分发掘每个人的特质闪光点，使每个学生的潜力得到最大限度的发挥。所以自主课程是促进学生个性化发展的必然选择。[①]

自主课程的主要特点是"以学生为本"，从学生的需要出发，满足学生发展需要，促进学生的个性发展，它具有以下两方面的特点。

第一，强调个性化教学。自主课程强调在教学过程中尊重学生的个体差异，为每个学生提供适合其发展需要和个性特点的学习机会，满足他们不同层次、不同方面的发展需求。

第二，注重培养学生的兴趣爱好。自主课程以激发学生学习兴趣为核心，注重培养学生对学科知识和技能的兴趣，培养学生自主探究、合作交流、动手实践及创新等方面的能力。

在师生的共同努力之下，潼港小学逐渐形成了较具特色，能够满足学生个性发展自主需求的自主课程——"潼心课程"。

---

① 张九艳.自主课程——促进个人与社会发展的双赢选择[J].新课程·下旬，2014（10）：52.

第三章 | 建设"潼心课程",满足学生个性成长自主需求

"潼心课程"重视学生的自主性,给学生更多的选择余地;重视学生的创造性,引导学生在学习中发现问题、提出问题、解决问题;重视学生的个性化发展,让每个学生都能得到充分的发展;强调不同层次的学生对不同内容,以不同要求、不同进度进行学习,实现教学内容的多元化;重视培养学生自主探究能力、合作交流能力、动手实践及创新能力;在教学过程中,教师充分尊重学生的个性差异,满足每个学生的需要和发展要求。

一、"潼心课程"的基本要素:融学生自主发展于三类课程

潼港小学以"立德树人"为根本目标,遵循学生的身心发展规律,促进学生的成长和个性化发展,帮助学生收获丰富的知识与实践经验,最终促进其综合能力的形成,将每一个学生的自主发展放在首位。在这样的办学理念和办学目标的指导下,潼港小学建设的"潼心课程",由国家基础型课程、拓展型课程和探究型课程组成。

(一)在基础型课程中鼓励学生的自主性

基础型课程,指在某一学科领域中,为达到一定的教学目标而设计和实施的课程。基础型课程是为发展学生核心素养而设计的,具有基础性、先导性、全局性的特点。它为学生的终身学习和发展奠定了基础,是学生形成学科核心素养的重要载体。潼港小学开设的基础型课程包括语文、数学、英语、自然、道德与法治、信息科技、劳动技术、音乐、美术、体育等。基础型课程的对象包括全体学生,为国家未来发展培养所需要的各种人才。基础型课程在设计时,强调知识与技能的掌握,强调学习目的的明确性,强调学习方法的可靠性,强调学习内容的适切性和实用性。

传统的课堂教学是教师给学生传授知识和技能的全过程，主要包括教师讲解、学生问答、教学指导活动以及教学过程中使用的所有教具等。潼港小学对传统学科教学进行改革，强调学生的主体性，要求课程内容与教学方式符合学生的主体要求，满足不同学生的发展需要，着眼于学生的全面发展与个性发展相结合。尊重学生的个体差异，以满足学生的不同需求。

在实施基础课程上重视学生原有的生活经验和学习经验，允许课程要求有差异，采取多样化的课堂评价与考试形式，为能力强的学生开设特别课程，为能力弱的学生实施辅导，组织各种课外活动，发挥学生的个性特长。保持学生对于知识的独立性，引导学生探知思考的方向与养成思考的习惯，但是过程的发生是由学生独立完成。潼港小学在基础课程的实施上还最大程度地培养学生的创新能力，让学生参与到课程安排过程中，学习的内容，以什么方式进行，可以由学生提出建议和进行决策，从而释放了基础型课程活力。

（二）在拓展型课程中释放学生的自主性

拓展型课程是指在课程内容、结构、实施和评价等方面，相对于传统的学科课程而言，具有一定的拓展性质的课程。它强调以学生的全面发展为核心，以综合实践活动为基本载体，以培养学生创新精神和实践能力为重点，以促进学生的可持续发展为目的。不同于基础型课程，更加丰富多样的拓展型课程满足学生的多样化需求，为有需要的学生提供选择，这也意味着一门拓展型课程主要面向有兴趣的学生，而不要求全体学生都统一学习。

拓展型课程的建设属于校本课程建设范围，是立足社会要求、学校特色和原有办学特点，由学校和教师自行选择、开发、设计的课程，是一种课程化的活动。① 潼港小学致力于推进素质教育，在学校办学理念的支撑下，为了进一步实现学校特色办学，促进学生多元成长和教育均衡发展，为学生们开设了一系列的拓展型课程。潼港小学的拓展型课程包括学科类拓展课程以及艺体类拓展课程，如国画、素描、竹笛、象棋、手风琴、二胡、琵琶、足球、空手道、咏春拳等。

拓展型课程是学校课程的重要组成部分，因为它着眼于学生发展、学科发展和社会发展。有利于学校关注每一个学生，为每一个学生的生命奠基。多元的拓展型课程给了学生多样的选择，既丰富了学生的生活，又能够让不同学生在不同领域有不同的发展。通过拓展型课程可以培养学生的创新精神，锻炼学生的实践能力，发展学生的特长，培养学生良好的个性与品质，最终促进学生的全面发展。

拓展型课程具有学科性、活动性、自主性等特点，能促进学生的课堂学习，丰富学生的学习生活，培养学生的综合能力。

（三）探究型课程中探知学生的自主性

探究型（研究型）课程是上海市二期课改课程体系的热点，是指在教学中教师充分利用现代教育技术手段，创设学习情境，提供学习素材，以学生的自主探索、发现、体验和实践为基本特征的学习方式，目的在于让学生在主动积极的探索过程中获得知识与技能。是在基础型课程和拓展型课程学习基础上，面向全体学生运用研究性学习方式、以学生自主探究为主的课程。该课程旨在整合各类经验，优化学习方式，孕育创新精神与实践能力。它不拘泥于知识的完备性而更加注重知识的综合性与应用性；不拘泥于预设的严谨性而更加注重课程的生成性与开放性；不拘泥于单一文化的继承性而更加注重个体经历的过程性与体验性。探

---

① 李逢五.拓展型课程：实施方案与科目设计［M］上海：上海科技教育出版社，2008：3.

究型课程在基础型课程和拓展型课程的基础上，可以培养学生的探求倾向、科学态度、批判思维和实践创新能力，以让他们更好地适应知识经济时代的需要，所以探究型课程相比基础型课程和拓展型课程也更加锻炼学生的综合能力，相比于后两种课程参与的学生也更加少。

潼港小学深刻意识到探究这种自主学习的方式，可以用来改变应试教育背景下学生习以为常的以"接受—记忆—复现"为特征的学习思考方式。探究型课程的实施采用"探究—发现—创变"的方式来培养学生创造性学力。[①] 潼港小学从学生的实际和学校的内外部环境出发，为学生开发了培养发现和解决问题能力的探究型课程。并且，学校注意对不同学生在不同层面上提出要求，以满足个性教育的需要，帮助学生走向自为。潼港小学的探究型课程包括趣味无人机启蒙、OM线上课程、创意编程、建模和"高桥之韵"等，其中"高桥之韵"课程展现了潼港小学的地域特色。

二、"潼心课程"的目标：学生自主发展

根据学生自主发展的框架体系，潼港小学"潼心课程"的目标：培养学生走向自知、自立、自强；综合多种课程实施方式，培养学生自主发展能力；渗透自主发展理念，提高学生自主发展素养。

（一）"潼心课程"全面覆盖，夯实学生自主发展土壤

基础型课程是潼港小学重要的课程组织形式，教师和学生共同促进了基础型课程的"个性化"在基础型课程中，以班级为单位对实现潼港小学传授学生多样化的知识这一目标来说，是一种经济有效的方式。通

---

① 莫晓蓓.小学探究型课程的实践与思考［J］.教育导刊：上半月，2003（2）：2.

过基础课程，学生可以系统地、全面地学习各种知识。在课程中，老师作为传授知识的重要角色，通过讲述、演示、实践等方式来传授知识。同时，老师根据学生的实际情况，采取不同的教学策略和方法，让学生更好地理解和掌握所学内容。基础型课程注重促进学生基本素质的形成和发展，学会认清自身的特点、优缺点、兴趣爱好等，并能够有目的地进行自我改进。通过学习基础型课程，学生可以逐渐认识自己的优势和不足，明确自己未来的兴趣和人生方向，同时也可以通过对基础型课程的学习和实践，进一步培养自己的兴趣和爱好，更好地发挥自己的潜力并为未来做准备。

拓展型课程的课堂组织形式相比于基础型课程更加灵活多样，所涉及的门类也更为丰富。潼港小学的拓展型课程的教师主要由专职老师担任，有必要时外请特长教师担任，保证师资力量，借助拓展型课程，教授学生相应的知识。例如，我们通过设立笛韵社团、空手道社团、书法社团等，要求学生掌握乐理知识、空手道姿态、规则、礼仪等知识以及书法基础知识。同时，拓展型课程可以培养学生的自立能力。拓展型课程涉及一些开放性、实践性的活动，要求学生自主思考、自主选择、自主实践，这样可以帮助学生逐渐掌握适合自己的学习方法和技能，提升自主学习能力，从而更好地应对未来的挑战。例如，参加拓展型课程中的创新项目或社会实践活动，可以让学生感受到对于问题的自我解决能力，进而提升自信心和独立性。

探究型课程注重学生自主学习和参与的课程，可以传授各种学科知识和技能。开展的探究活动不同，学生接触到的知识就不一样。通过自主探究和实践，学生尝试了解各种学科知识。学生可以通过自主调查和研究，了解一些社会现象和问题，如环境污染、健康问题、社会福利，等等，从而达到课程的目标——提高对社会和世界的认识与了解。在学习过程中，学生需要逐渐具备自我把握的能力，因为这种课程更少地提供老师的指导和引导，倾向于让学生自行探究和解决问题。例如，学生可以通过参与科学实验、文化活动等项目，发挥自己的想象力和创造性思维，提高实践能力和综合素质。这样，学生不仅可以通过自己的努力完成课程任务，而且可以在过程中不断挖掘自己的潜能，进而培养自强精神。

（二）丰富课程实施方式，培养学生自主发展能力

首先，潼港小学提倡以自主学习提高学生的学习积极性和规划能力。长期以来，学生的学习方式还是以被动接受为主，强调对学科知识的机械记忆；而教师在各方面的压力下，往往是考什么就讲什么。教师教什么学生自然就学什么，这样教育出来的学生是知识学习的机器，没有学习的积极性和创造性，严重影响了学生其他能力的发展和学科核心素养的提高。为了充分发挥学生的主体地位，我们倡导学生在课程学习上自主学习，关注学生的主体性和能动性，让学生自己支配自己的学习，变"要我学"为"我要学"。

其次，潼港小学在探究式学习中培养学生的学用能力和合作能力。接受性学习就是教师讲，学生听，这样的学习方式有它存在的必要，但局限性很大。如果长期采用接受性学习的单一模式，学生对知识的兴趣和学习欲望将逐渐下降。探究式学习强调与现实生活的联系，让学生在生活情境中发现问题、提出问题，并通过一系列探索活动解决问题。在学校教育中，不光要教会学生学科知识，还要让他们掌握学习的方法，学会学习，提高学生对所掌握知识的利用率，针对问题去学习，从而提升学生的学用结合能力。在探究式学习中，我们还提倡师与生、生与生的合作，从而培养学生的合作能力。

潼港小学还在不断探索多种形式的课程实施方式，如项目化的学习教学培养学生学用能力、交往能力和组织能力。

（三）浸润自主发展理念，全面发展学生核心素养

素养不同于知识和能力，是学生在掌握知识和能力发展的基础上发展而来的。从知识、能力再到形成素养的过程是一种对学生主观能动性的考验。潼港小学自主课程的最后一个目标就是在课程中渗透自主发展理念，提高学生在认知、情意和行为方面的系统性素养，培养自知、自律、自觉、自立、自强的人。

学生所处的年级和年龄不同，心理发展就存在差异，就更不用说每个个体都有独特性和个性。为了使课程目标更加符合学生的个性，潼港小学将课程所培养的自主发展素养根据层次分为低年段、中年段、高年段三个阶段。

第一，自知，在潼港小学"五自"目标中排第一。通过潼港小学"潼心课程"，我们从情感自知、能力自知和价值自知三个方面对学生提出要求。

表3-1 自知的分段培养目标

维度	低年段	中年段	高年段
情感认知	了解自己的情绪种类、来源、强度和持续时间等	学会区分和识别自己和他人的情绪，可以表达自己的情感需要	能够运用情感调整策略，管理自己的情绪，做积极向上的儿童
能力认知	可以进行自我评价，读懂他人的反馈	探究自己的学习兴趣、学习方式等在内的学习风格和需求，制订学习计划	能够认识到自己的优点和缺点，发挥优势，弥补缺点
价值认知	了解自己的兴趣，把有兴趣的事做好	明白教师和家长的期望，培养良好的兴趣爱好，做好自己可以做好的事	认识自己和他人应该担负的责任，并可以转化在实际行动中

第二，自律，是一种自我管理、自我约束和自我克制。潼港小学注重培养学生对自我行为的自我监督和调节，远离各种不良习惯和行为，进一步提高学生的责任感、自信心和自主学习能力。这种素质是个体自我发展的重要部分，潼港小学的自律的分段培养目标如下：

表 3-2　自律的分段培养目标

维度	低年段	中年段	高年段
语言自律	不说脏话，语言文明	不说谎话，真诚待人	不说大话，严格履行承诺
行为自律	听从教师、家长正确的建议，不捣蛋	遵从校纪班规及其他规定，举止文明	明辨是非善恶，知荣知耻，严格要求自己
情绪自律	能够区分好情绪和坏情绪，不乱发脾气	能够适当地表达自己的情绪	能够控制自己的悲伤、不满等消极情绪

第三，自觉，学生有所认识而主动去做的行为。这是一种积极的品质和行为，培养学生自觉的素养，可以帮助他们更好地完成学习任务和实现自己的人生目标。潼港小学将自觉的分段培养目标分类如下：

表 3-3　自觉的分段培养目标

维度	低年段	中年段	高年段
学习自觉	能够按时、保证质量地完成学校的学习任务	培养自己的学习活动	能够根据学习内容选择材料和方法等
生活自觉	自觉选择健康的零食和饭菜，形成良好的饮食习惯	自觉选择得体的衣服，保持良好的形象	自觉选择适当的活动，参加有益的活动
娱乐自觉	合理选择游戏方式，避免过度沉迷于娱乐活动	在成人的帮助下，可以对娱乐活动进行规划	在成人的帮助下，可以规划游玩地点、方式和路线等

第四，自立，可以自己的事情自己做，不依赖别人生活，并且可以帮助别人。潼港小学在课程中注意锻炼学生独立思考、自主决策、自我

解决问题的能力,将培养学生的独立性和自主性作为"潼心课程"的目标之一,将自立的分段培养目标陈述如下:

表 3-4　自立的分段培养目标

维度	低年段	中年段	高年段
生活自理	学会整理自己的书包和房间	学会洗衣、洗碗和做饭等家务	不乱拿东西、乱花钱,合理消费,不攀比,不浪费
学习自主	养成先做作业后玩的习惯	养成专心学习的好习惯	养成自主学习的习惯
安全自护	能够识别危险信息,主动避开危险	遇到困难时,学会寻求帮助	学会必要的求生手段,懂得自救和自卫

第五,自强,不断完善自我,成为强者。潼港小学教师在"潼心课程"中注意引导学生在面对困难、挑战和压力的时候,积极主动地调整心态和行为,鼓励学生发挥自身的潜能。潼港小学将自强的分段培养目标分类如下:

表 3-5　自强的分段培养目标

维度	低年段	中年段	高年段
内心自强	能够自我了解和自我接纳	能够从容面对困难与挑战,形成自我肯定	关注生活的乐趣、人际交往和社会责任,能够不断自我完善
学习自强	学习基础知识和技能,建立扎实的知识基础	尝试多样化的学习模式和方法	培养自己的创新思维能力和实践能力
社会实践自强	参加一些如博物馆、科技馆等社会实践活动,了解社会、发现问题	开展特色社会实践项目,提升社会实践能力和综合素质	参加更加复杂、专业化社会实践,奉献社会、弘扬社会正能量

第二节 建设"潼心课程"的主要举措

德国存在主义哲学家卡尔·雅思贝尔斯（Karl Jaspers）说："没有人能认识到自己天分中沉睡的可能性，因此需要教育来唤醒人所未能意识到的一切。"[①] 潼港小学希望通过"潼心课程"来让学生的个性和天分得到发展，有意识地将课程目标、资源整合、教学过程和评价方式等与学生的个性发展联系起来，促进学生自主发展。不断依托当地资源，研发扎根高桥的特色课程；深度挖掘中华传统文化，弘扬优秀民族精神。充分利用教师资源，开发能展现教师才能的课程，通过优化课程评价不断反哺课程建设。多种措施共同交织、彼此作用，生成了孕育潼港小学特色"潼心课程"的独特土壤。

一、拓展型课程：有效联系"学科课堂"与"自主活动"

在当今全面提倡"培养学生科学核心素养"的大背景下，针对学生缺乏一定的观察、思维、动手能力以及团队合作意识的现状，我们的拓展型课程将"学科课堂"与"自主活动"有效联系起来，使两者相辅相成、互相作用，以达到培养学生科学核心素养的要求。我们的拓展型课程立足学生个体发展，教师根据学科特点，让学生围绕着本学科的某个知识点或者主题，自主开展的课外实践活动。

拓展型课程的活动开展，一般分三个阶段：

（一）活动准备阶段

（1）教师提出活动课题，明确活动主题或内容。比如"制作钟表"

[①] 卡尔·雅思贝尔斯.什么是教育[M].邹进译.上海：生活·读书·新知三联书店，1991：51.

这一学科拓展活动，老师首先要向学生明确"我们在学习与时间相关的知识，并利用该知识点开展设计钟表的活动"。教师可以简单介绍设计钟表的几大要素与大致制作步骤。同时，可收集各类作品供学生参考，激发创作灵感。此过程中，老师可以提出一些活动的要求，将一些作品的要求以及活动截止日期等告知学生。

（2）学生围绕活动课题进行讨论与交流。教师协助划分小组，每个小组设计活动初步构想，商讨活动计划，并根据组员的特长与兴趣自主分工。比如谁负责材料准备；谁负责构想、剪裁；谁负责绘画、美工；谁负责外观装饰等，根据每个人的任务填写好责任分工登记表。

表3-6 钟面设计责任分工登记表

责任分工	人员安排	特　　长	要　　求
素材准备			准备各类素材
构想、剪裁			对作品的设计有个总体构想
绘画、美工			对作品进行绘画、涂色
外观装饰			对作品进一步装饰、美化

（3）各小组可根据自己小组可能会遇到的问题困惑向老师提问。比如有些小组内的孩子们的时间对不到一起，那么老师此时要协助学生在分组上进行微调；再如老师可能需要协助学生建立小组微信群，方便大家互相联系。

（二）活动实施阶段

这个过程就是学生自主活动探究的过程，也是整个拓展型课程的核心阶段，以"探究高桥民谣"这一活动为例，可以包括以下内容：

（1）邀请家长一起收集相关资料，通过网上查阅、书籍查阅等方式，了解高桥民谣起源、类型等。

（2）对相关人员进行访谈。可以约好时间，对一些年龄较长的本土高桥老人进行访谈，从他们那里了解一些关于高桥民谣的故事等。

（3）组内成员进行阶段性的资料整理和交流，对本组资料进行汇总、分析、筛选。最后以PPT、手抄报、报告、诵读或者演绎等形式展现出来。

（4）教师对每一组的探究报告等进行适时指导，并帮助其进行修改。

（三）活动成果展示交流与评价阶段

这一阶段中，各小组以各自的形式展示本小组的探究成果，互相交流与评价，老师对活动进行总结。以"钟表制作"为例，此阶段可以包括以下内容：

（1）作品的展示。各小组将自己的作品在班级中展示，教师准备一个展示台，然后各小组代表可以针对本小组的作品谈谈创意、设计、想法等。

（2）各组成员谈谈自己在活动过程中的心得体会与收获，也可以谈谈实际活动过程中遇到的困难与问题，后来怎么解决的，通过此次活动自己学到了什么等。

（3）对各小组的作品进行自评与互评，可以谈一谈其他小组作品中值得借鉴的部分，还有哪些部分需要改进的。记录好自评、互评表，打分，对于优秀作品可以在班级或者在学校里展示。

二、探究型课程：以探寻地域资源魅力的"高桥之韵"为例

"万里长江口，千年高桥镇"。高桥是地处黄浦江和长江口的一个水乡古镇，有着上千年的历史和文化底蕴，丁字形的两条河流和三条傍河而建的东、西、北对面长街，构成了高桥镇的基本格局。在老镇街坊内，

散落着许多时代不同,风格各异的优秀民居和历史建筑,和众多的文物一样,是上海重要的文化遗产。潼港小学依托具有千年历史的古镇文化,开发更具时代性和特色性的探究型课程"高桥之韵",将自然、社会、人文以及学科知识与学生的学习经历与经验有机地融合在一起,为学生多元智能的发展提供平台。

学校利用高桥文化特有资源开展探究型教学,结合学生的学习经历与经验,面向学生独特的兴趣领域,开展基于项目的体验研究。以主题、项目或活动来组织课程内容,进行跨学科实践,对于教师和学生来说都是一个不断摸索和调整的过程。

通常,"高桥之韵"课程每周一课时。学生在各年级课程教师的领导下,围绕本年级研究主题,以小组为单位进入活动区有序地开展探究活动。例如,学生在高桥镇开放时间进入活动区,利用高桥历史文化陈列馆、高桥敬业堂、高桥近代营造陈列馆、绒绣馆等场馆进行学习与探究活动。

"高桥之韵"每个年龄段的课程主题设置是依托区教研员、兄弟学校骨干教师、学校骨干教师带动,采用师徒结对形式,由本校老师经过选择课题、制订研究方案、开展研究到成果交流等多个步骤确定的。开发过程中,坚持依据不同年级学生的身心特点,有所侧重地进行课程内容的设置。既能给予学生自主发展的空间,又能在他们各自的年龄段加强其核心能力的培养,最终使学生实现阶梯式成长。

(一)一年级:高桥古镇深厚的饮食文化底蕴

中华饮食之道,博大精深。高桥的饮食文化经历了千年的发展,在饮食结构、食物制作、营养保健和饮食审美等方面,逐渐形成了自己独特的饮食文化。松饼、松糕、薄脆、一捏酥,传统名点的丰富口感代传承；八宝辣酱、江三鲜，传统烹饪技艺融汇本帮饮食特色。

一年级的学生正处于最为活泼好动的阶段，根据该年龄段学生的身心发展特点，引入以高桥美食为主题的探究型课程是最合适不过的了。通过带领孩子们了解、品尝饱含文化底蕴的高桥美食的同时，可以引领他们初步掌握观察、交流、实验等研究方法，培养好奇心，激发兴趣和求知欲望，引导他们自主发现问题和提出问题，培养问题意识。

表3-7 潼港小学"高桥之韵"一年级探究型课程设置

年 级	课程模块	主 题
一年级	高桥美食	高桥松饼
		高桥薄脆
		八宝辣酱
		江三鲜
		其 他

（二）二年级：高桥古镇深厚的生活文化底蕴

高桥人民历代生活于此，形成了独具古镇特色的高桥姓氏，通过对这些姓氏的追根溯源，一段段历史就会如溪水般在眼前缓缓地流淌。声音嘹亮、饱含真情的高桥民谣，让人畅想旧日的时光。一块块青瓦石砖，沾满了时光的痕迹，沉淀了自然的抚摸，更是在轻风细雨中诉说着高桥古镇深厚的生活文化底蕴……

在二年级的"高桥之韵"课程中，我们希望通过对高桥古镇深厚的生活文化底蕴的学习，引领孩子们主动观察高桥古镇景观特色，养成仔细观察的习惯；主动发现和提出一些感兴趣的问题；在参观交流的过程中，通过与别人的交谈，了解他人的想法，学会分享，学会沟通。

表 3-8 潼港小学"高桥之韵"二年级探究型课程设置

年　级	课程模块	主　题
二年级	高桥生活	高桥民谣
		高桥姓氏
		高桥风貌
		我心中的高桥
		其　他

（三）三年级：高桥古镇深厚的历史文化底蕴

高桥镇历史悠久，最早可以追溯到宋朝。宋时属昆山县临江乡，元、明时属嘉定县依仁乡，清、民国属宝山县，1949年前属上海市高桥区。1956年属东郊区，1958年属浦东县，1961年划入川沙县，1993年改属浦东新区。高桥古镇在明末清初因境内一桥梁"高桥"而得名，明嘉靖年间，由于倭寇的侵扰，再加上原有的地形特点，在此聚集的人们逐渐形成了流传至今的高桥镇的历史风貌。今天的高桥镇位于浦东新区北部，东通杨高北路，南傍高桥港，西靠黄浦江。交通方便，水运有高桥港西通黄浦江，东连高川河（外环运河）。陆路交通方面，北有欧高路至港城路（江海路），南有大同路通浦东北路，东有海高路接杨高北路。在高桥老镇街坊内，散落着许多时代不同、风格各异的优秀民居和历史建筑，和众多的文物一样，是上海重要的文化遗产。2010年7月，高桥镇入选第五批中国历史文化名镇。

古镇大致分为东、西、北三街；目前已有10大文化类展馆免费对外开放，分别是高桥人家陈列馆（凌氏民宅）、徐建融艺术史学馆、清溪党群服务站、高桥绒绣馆（黄氏民宅）、高桥历史文化陈列馆（仰贤堂）、叶辛高桥书房、钱慧安纪念馆、三峡石图艺术馆、江东书院（小浜路蔡氏宅）、太极拳馆。

  课程旨在以参观各类博物馆为主线，通过老师的引导和同伴的互助学习，让三年级学生养成主动观察的意识，初步掌握观察的方法；能提出一些有价值的问题，并对答案做出初步的预测；学会多种记录方式，通过小组合作，运用简单的文字或口头汇报等形式展示研究成果。

表3-9　潼港小学"高桥之韵"三年级探究型课程设置

年　　级	课程模块	课程主题
三年级	高桥博物馆	绒绣馆
		石图馆
		高桥人家陈列馆
		仰贤堂
		叶辛高桥书房
		其　他

（四）四年级：高桥古镇深厚的艺术文化底蕴

  高桥古镇的艺术文化底蕴在景观建筑和手工艺术中展现得淋漓尽致。古镇黛瓦白墙、观音兜耸立；街道两边庭院深深，充满沧桑。高桥古镇远远没有那些已经开发成熟的古镇那么热闹，虽有一些商铺，缺乏商业气息，街上来往的大多是这里的原住民，但保留着当下古镇最难得的原生态气息，一桥一屋皆是艺术。上海高桥绒绣已连续四届参展上海进博会，向世界各国嘉宾展示中国非遗文化的独特魅力。通过一幅幅巧夺天工、栩栩如生的作品，展现了传统绒绣手工艺的精华。

  通过对高桥古镇深厚的艺术文化底蕴的挖掘，四年级的学生能够在探究学习中发现问题，自主提出问题，做出合理的假设与初步判断；掌握从多种渠道收集信息，并进行简单的整理与筛选的能力；学会自主分工合作、互助交流中，共同完成个人难以完成的探究任务。

表 3-10　潼港小学"高桥之韵"四年级探究型课程设置

年级	课程模块	课程主题
四年级	高桥艺术	小桥流水
		白墙黑瓦
		木里探花
		绒绣之美
		其他

（五）五年级：高桥古镇深厚的人文底蕴

到了五年级，经过前面四年学习的铺垫，学生已经从各个层面对高桥进行了深入的了解，到了系统化、体系化对高桥古镇进行总结梳理的时候。因此课程通过让学生分享创新成果的方式，培养学生养成动手实践能力，学会观察事物、提出问题、设计方案、记录整理、分析归纳、形成报告并表达交流。

表 3-11　潼港小学"高桥之韵"五年级探究型课程设置

年级	课程模块	课程主题
五年级	高桥印象	石头的史诗
		太极之魅
		书香门第
		高桥古镇
		其他

（六）"高桥之韵"构建"2＋3"特色主题课程

学校注意对不同学生在不同层面上提出要求，开展基于项目的体验研究，构建"2+3"特色主题课程，其中"2"：即在一、二两个年级开展的课程，旨在让学生在了解丰富饮食文化和生活文化的同时，初步掌握观察、交流、实验等研究方法，培养好奇心，激发他们的兴趣和求知欲望，能够自主发现问题和提出问题，培养问题意识；"3"：即在三、四、五3个年级中开展的课程，主要通过高桥历史文化、艺术文化、人文的熏陶，让学生在分享创新成果的过程中养成动手实践习惯，学会观察事物、提出问题、设计方案、记录整理、分析归纳、建立模型，并锻炼表达交流的能力。

三、促进传统文化传承与创新，实施多样灵活课程

教育肩负着实现中华民族伟大复兴的历史使命，必须把传统文化引入到校园活动中。同时，中华优秀传统文化是学校落实立德树人根本任务的重要课程资源，将中华优秀传统文化引入课程中，具有十分重要的作用。

（一）传统文化的挖掘涵盖德智体美劳五育并举

学校作为传承中华优秀传统文化的主阵地之一，在教育教学中融入中华优秀传统文化，不仅有利于进一步传承中华传统文化，更有助于学生核心素养的形成。学校可以突破技术伦理的瓶颈，通过传统文化传承与创新，实施多样灵活课程，重新回归教育育人的原点。[1]

正是秉持这一理念，潼港小学在课程建设过程中不断挖掘优秀传统文化，目前已经开设了极为广博的传统教育课程，以拓展型课程为主要形式，以传统文化传承社团搭建为主要抓手，创设了以硬笔书法、国画、

---

[1] 王明娣，翟倩.中华优秀传统文化融入教学的价值、困境及路径[J].民族教育研究，2020（6）：24-30.

笛子、经典朗读、版画、十字绣、棋行天下、咏春拳、太极拳等为主题的社团。结合五育并举理念，以传统文化社团为抓手，在校内营造良好的传承传统文化生态。

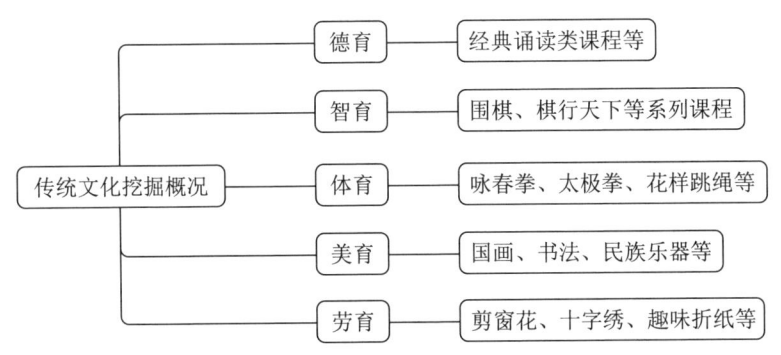

```
                    ┌─ 德育 ─── 经典诵读类课程等
                    │
                    ├─ 智育 ─── 围棋、棋行天下等系列课程
                    │
   传统文化挖掘概况 ──┼─ 体育 ─── 咏春拳、太极拳、花样跳绳等
                    │
                    ├─ 美育 ─── 国画、书法、民族乐器等
                    │
                    └─ 劳育 ─── 剪窗花、十字绣、趣味折纸等
```

图 3-1　潼港小学传统文化课程概况

（二）笛文化案例：学生人人一支笛，校园处处闻笛声

竹笛系我国约有 4000 年历史的最古老的民族乐器之一，因为是用天然竹材制成，所以称为"竹笛"。竹笛流传地域广大，品种繁多。中国笛子具有强烈的民族特色，声音婉转。笛文化历久弥新，优秀的演奏人才层出不穷。在学校普及笛文化不能局限于高层次演奏的层面，而是要从娃娃抓起。

潼港小学非常重视学生的艺术教育与培养，结合学校开展的学生"责任教育"，在大同路校区设立了笛文化校本拓展课程。该课程开展以来，学校逐渐形成了"学生人人一支笛，校园处处闻笛声"的浓郁笛文化氛围。在校内外教师的指导和同学们长期刻苦努力练习下，潼港小学涌现了一批天赋好的学生。学校对这些学生进行甄选，组成了一个小具规模的校级笛子社团：笛韵社团。随着笛韵社团的优化与推进，学校形成了稳定的梯队人员选拔与补充机制。在笛韵社团换届时也会进行相应遴选，对新社团成员进行集中训练，保证笛韵社团的更新和整体水平。学校已经形成了两个笛韵社团梯队，成员超 300 人。在潼港小学总社团活动章程的指导下，笛韵社团开展了丰富多彩的教学和演出活动。

学校通过举办笛文化艺术节来检验同学们的学习成果，也让他们有更加正式的展示舞台。同学们在艺术节中积极参与"笛·韵"寻找鉴赏笛文化古诗词以及"最强大脑"笛文化古诗词吟诵大赛。在"魔笛 魔音"潼港小学的"快乐小笛手"风采大赛上，同学们一展身手、一决高下。

潼港小学笛韵社团在区艺术节上也获得了专业评委的肯定，在2018年浦东新区举办的第十四届学生艺术节上分别获得了"第十四届学生艺术节艺术展演活动优秀组织奖"以及"第十四届学生艺术节展演活动民乐小合奏/重奏小学组三等奖"。这是对潼港小学笛文化校本拓展课程和同学们努力的肯定，传播和弘扬了中华优秀传统文化。

笛文化校本拓展课程是一种对民族艺术文化的传承，对此全校上下已经达成共识。此外，我们笛子的学习延伸到了更多民族音乐的探索。学校的民乐项目被认定为"区级艺术特色项目"。学校的艺术团多次受邀参与市级大型活动，如"千笛迎世博，奋进新时代""千笛心向党，共筑中国梦"等。

笛韵社团里，潼港小学的学生享受着笛子的音乐魅力，得到了心灵的净化、情感上的升华和民族艺术的熏陶，也促进了智慧的增长。更重要的是，他们的个性找到了绽放的舞台。

（三）确立正确的美育理念，创建有力的美育基础

潼港小学的校园为"东操场西大楼"格局，校内绿树成荫，繁花似锦。校园的楼体、走廊、楼道、围墙、操场上，凡能利用之处，都无不渗透着中华优秀传统文化。拱形小桥、蜿蜒的长廊、红色尖角亭、清水池等中国传统艺术中的点滴，散落于校园的角角落落，学生们随时随地

都能与传统文化美好地遇见。

美育工作不仅仅是艺术教育，更是学生成长的基本需要，美的感受能力应该伴随着全面学习同步提升，这需要学校总体课程领导力的提升。因此，一所学校的美育工作要做好，校长是关键。笔者作为校长充分挖掘美育功能，始终坚信学校发展必须靠校长敢于开展教育改革实践，敢于用创新推动内涵发展。我们以完善、优化课程与教学为追求，拓展育人途径，在课程建设上动足脑筋。通过加强课程的顶层设计，对三类课程进行了梳理和统整，促进了学生对美的多样性理解，营造了自由、民主、平等、多样的氛围，有助于培养学生和谐的心理品质和对真、善、美的追求。

继2018年起开展研究英语戏剧项目后，学校再次与浦东新区教育发展研究国际交流中心合作，2019年增加"校园大亨""博物馆+"，促进学习的评价三个项目的交流，学生的创新思维被最大程度激发，学校师生的教育视野在拓宽。学校还选派教师参加对外交流的培训，为今后师生进行国际化交流打好基础。

第三节 "潼心课程"的建设成效和基本经验

潼港小学逐步建立了一套独具匠心的"潼心课程"体系，这套课程体系坚持以"为学生的终身发展和幸福人生奠基"为宗旨，以"责品同树、德智双修、身心两健、学创兼优"为学生培养目标，全面落实"责任担当，自主发展，让每一个生命绽放光彩"的办学理念。注重基础型课程改革，培养学生走向自知。注重以点带面，从侧重满足学生多样性、差异性需求出发，充分利用学校和当地的课程资源，努力开发具有时代性、实践性、探索性的可供学生选择的多样化课程，构建学校较完善的拓展型与探究型课程框架，培养学生走向自立、自强。与此同时，潼港小学不断孵化优质成果、发表相关科研成果等，大大推动了学校课程内涵发展进程，促进了办学品质稳步提升，大踏步迈向新优质课程。

一、"潼心课程"的实施成效

（一）初步构建了独具匠心的"潼心课程"体系

潼港小学一直把学生自主发展作为学校深入探讨的主题。在多年的发展中一直坚持学生个性发展的道路，在办学宗旨的基础上确立了促进学生自主发展的办学理念，并矢志不渝坚持传承与开发。

"潼心课程"围绕基础型课程、拓展型课程和探究型课程三类课程构建。严格执行和落实上海市课程教学计划、扎扎实实尝试个性化的课堂教学，稳步提升潼港小学的教育教学质量；拓展型课程和探究型课程不拘泥于知识的完备性，相比于基础型课程更注重知识的综合性和应用性，更注重课程的生成性和开放性，更注重个体经历的过程性和体验性。总之，"潼心课程"为培养学生自主发展能力和自主发展意识提供了平台。

具体的"潼心课程"体系详见图3-2。其中，基础型课程主要包括十大科目，力求全面培养学生的自知能力，为学生搭建良好的学科基础框架，为后期深度学习、广泛学习打好基础；拓展型课程紧紧围绕两大主题，即艺术和体育，保证学生内外双修、形神兼备，在通过体育类课程保证学生精气神的同时，通过艺术类课程挖掘学生体验美、感受美的能力与素养，增强人生感悟；探究型课程是以培养学生发现问题、提出问题，从而解决问题的能力为基本目标，[1] 主要通过科技类、人文类和

---

[1] 陈金良，濮玉芹主编.共建、共享、共赢区域推进校本课程建设的行动研究［M］.上海：上海科学技术出版社，2020：146.

"高桥之韵"系列课程实现。

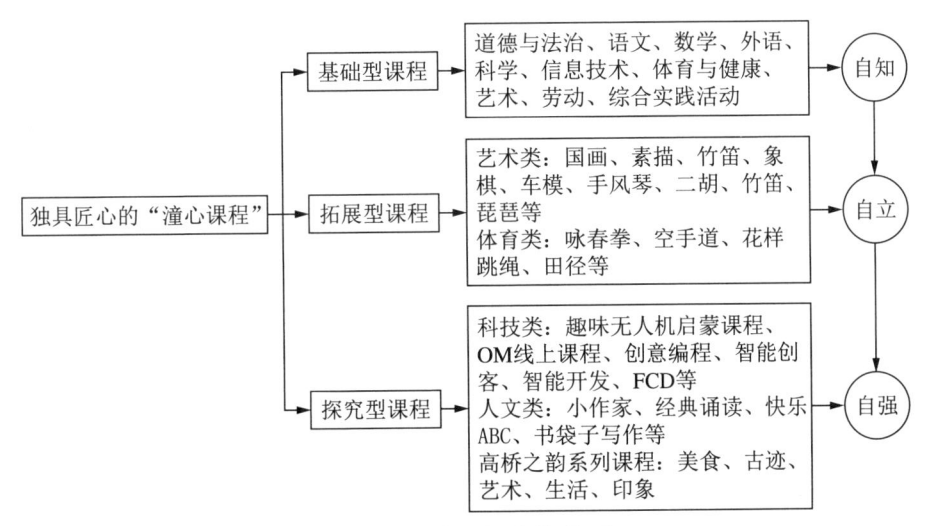

```
                              ┌──────────────────────────────────┐
                  ┌─基础型课程─┤道德与法治、语文、数学、外语、     ├──自知
                  │           │科学、信息技术、体育与健康、       │
                  │           │艺术、劳动、综合实践活动           │
                  │           └──────────────────────────────────┘
                  │           ┌──────────────────────────────────┐
                  │           │艺术类：国画、素描、竹笛、象       │
独具匠心的"潼心课程"─拓展型课程┤棋、车模、手风琴、二胡、竹笛、     ├──自立
                  │           │琵琶等                             │
                  │           │体育类：咏春拳、空手道、花样       │
                  │           │跳绳、田径等                       │
                  │           └──────────────────────────────────┘
                  │           ┌──────────────────────────────────┐
                  │           │科技类：趣味无人机启蒙课程、       │
                  │           │OM线上课程、创意编程、智能创       │
                  │           │客、智能开发、FCD等                │
                  └─探究型课程─┤人文类：小作家、经典诵读、快乐     ├──自强
                              │ABC、书袋子写作等                  │
                              │高桥之韵系列课程：美食、古迹、     │
                              │艺术、生活、印象                   │
                              └──────────────────────────────────┘
```

图 3-2 "潼心课程"体系

1. 基础型课程：走向自知

"教育作为一项培养人的活动就要使每个人的个性得到充分的自由的健康的发展，从而使每个人都具有高度的自主性、独立性和创造性。"[①] 潼港小学在坚持国家课程改革纲要基本精神的前提下，根据学校自身的特点和条件，将国家层面上教学规划和涉及的面向所有学生的普适性计划的课程转变为适合潼港学生学习需求的课程。

潼港小学在基础型课程上强调学生的主体性，要求课程内容与教学方式更符合学生的主体要求，要满足不同学生的发展需要，要着眼于学生的全面发展与个性发展相结合。尊重学生的个体差异，满足学生的不同需求。基础型课程根据上海市教委颁发的"学年度课程计划"执行，并坚持深化课堂教学改革，突出"教师为主导，学生为主体，思维为核

---

① 冯红果. 校本课程的研究与实践——以"开发《初高中衔接教材》的研究案例"[D]. 福州：福建师范大学，2007：15.

心，育人为目的"的课堂教学模式。进一步加强对教学工作的管理，努力提高教学质量。以多种形式激发课堂教学的生机和活力，以人的发展为本，培养学生创新精神和实践能力，使学生的潜能得到最大限度的发挥。

潼港小学在基础型课程中的个性化实施也在不断摸索中，在实践的过程中难免会遇到诸多问题和挑战。但毋庸置疑的是，这种极具自主性的学科实践不仅帮助学生加深了对知识的认知与理解，而且培养了学生的自知。

2. 拓展型课程：走向自立

潼港小学致力于推进素质教育，在学校办学理念的引领下，为了进一步实现特色办学，促进学生多元成长和教育均衡发展，为学生们开设了一系列的拓展型课程。拓展型课程是"潼心课程"的重要组成部分，它着眼于学生发展、学科发展和社会发展，体现关注每一个学生，为每一个学生的生命奠基的理念。多元的拓展型课程给了学生多样的选择，既丰富了学生的生活，又能够让不同学生在不同领域有不同的发展。通过拓展型课程可以培养学生的创新精神，锻炼学生的实践能力，发展学生的特长，培养学生良好的个性与品质，最终促进学生的全面发展。

由表3-12可见，学校借由多种多样的拓展型课程，组织学生开展丰富多彩的艺术活动。同时，课程设置紧密结合学生身心发展特点，如一年级的学生手脚协调能力相对较弱，在纸艺活动中，以相对简单的折纸工艺为主，而到了五年级就是高阶版中国传统手工艺特色剪窗花。目前，学校保证了每周一次的拓展型课程，此外，还开设各种特色艺术类社团。学校目前有舞蹈社团3个、民乐小社团6个、管乐社团6个、美术社团27个、语言社团6个、合唱社团1个、手风琴社团

表 3-12　潼港小学主要拓展型课程

年　级	主要拓展型课程
一年级	英语表演、创意美术、创意卡通、七彩折纸、"线描随想"、硬笔书法、趣味纸艺、手风琴、竹笛
二年级	版画、书法、经典诵读、纽扣画、快乐折纸、创意儿童画、硬笔书法、手工DIY、数字油画
三年级	国画、合唱、素影社、经典诵读、十字绣、纸艺、男子舞蹈团、英语戏剧社、民乐团（古筝、琵琶、二胡、笛子、打击乐、笙）、管乐团（黑管、萨克斯、圆号、大号、长笛、打击乐）、女子舞蹈团
四年级	传统工艺美术、合唱、经典诵读、线条世界、十字绣、男子舞蹈团、英语戏剧社、民乐团（古筝、琵琶、二胡、笛子、打击乐、笙）、管乐团（黑管、萨克斯、圆号、大号、长笛、打击乐）
五年级	民族打击乐、经典诵读、油画、十字绣、Q版漫画、书法、剪窗花、戏剧社、民乐团（古筝、琵琶、二胡、笛子、打击乐、笙）、管乐团（黑管、萨克斯、圆号、大号、长笛、打击乐）

1个。全校学生都被积极动员起来，共有1500多名学员参加艺术类社团。学校还安排校级特色团队每周二、三、四课后延长时间进行训练，其中笛文化拓展课程与基础课程紧密结合，保证每周2课时的笛子教学课。

通过多样化的拓展型课程，学生的学习热情被充分调动，潜能也随之逐步显现。校园的各处走廊，都陈列着老师与学生的艺术作品。以空手道项目领衔的体育特色发展被认定为区特色项目，太极拳、足球、篮球等项目蓬勃开展；英语戏剧、校园大亨、博物馆课程等国际化教育项目也经过浦东教发院的认定，成果显著。

3. 探究型课程：走向自强

在素质教育的要求下，新课程教学必须根据学生身心发展和学习的特点，关注学生的主动意识和进取精神，积极倡导自主、合作、探究的学习方式。转变学习方式就是要转变这种学习状态，把学习过程中的发现、探究等认识活动凸显出来，使学习过程成为不断发现问题、提出问题、分析问题、解决问题的过程。学生有了学习兴趣，学习活动就不是一种负担，而是一种享受、一种愉快的体验。①

潼港小学从学生的实际和学校的内外部环境出发，为学生开发了培养发现和解决问题能力的探究型课程（见图3-3），通过三大类课程的学习熏陶，以课程的学习为依托，培养和锻炼学生观察、猜想、提出问题、搜集信息、记录展示、倾听交流、实验、分类比较、辨伪质疑、组织管理十大核心能力，满足个性教育的需要，最终帮助孩子们走向自强。

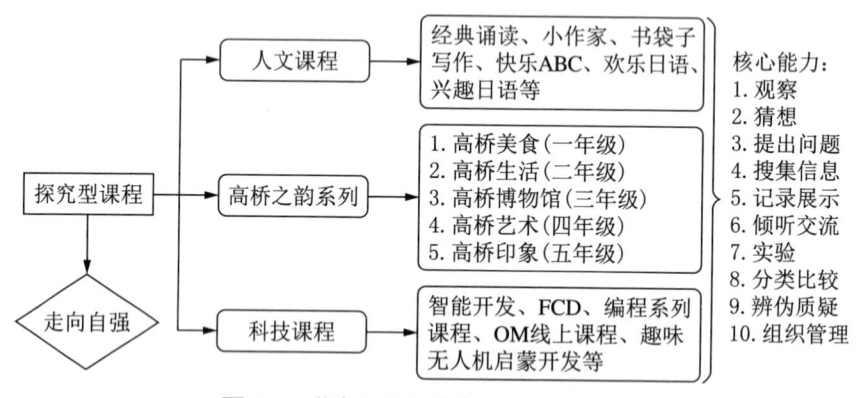

图3-3 "潼心课程"探究型课程体系

（二）持续孵化相关成果

在上海二期课改的号召之下，潼港小学坚持以学生发展为本的理念，建设基础型课程、拓展型课程和探究型课程三类主干课程，并加快引导学生转变学习方式，培养学生的创新能力和实践能力。在这样的背景下，潼港小学尝试了许多校本课程的开发，组织编写了一系列相关读本。与此同时，教师团队的科研能力提升显著，相关成果、课题不断涌现，成

---

① 蒙松生.自主学习主动发展——素质教育下的学生自主参与数学学习［J］.课程教育研究，2013（30）：63-64.

为潼港小学课程改革持续发展取之不尽、用之不竭的动力源泉。

1. 校本课程

（1）责任教育校本课程"我的责任"。潼港小学一贯秉承着"责任担当，自主发展，让每一个生命绽放光彩"的办学理念，注重培养学生的责任意识、促进学生自主发展。学校更是在2017年确定了区级研究课题"责任教育理念下小学生自主活动的实践探索"，探讨了责任教育理念下小学生自主活动的内涵和特征，总结了自主活动的形式以及教师指导与评价方法，探索了学生自主活动的组织与管理、自主活动环境的创设以及责任教育理念下学生自主活动的评价等内容，为学校校本课程注入了动力。

责任教育校本课程根据年龄特征和认知规律，分为10阶，分层次、按序列对学生进行责任教育。各个年龄阶段的责任教育目标分为4个维度（责任认知、责任情感、责任意识和责任行为），并细化为8个方面（对自己负责、对他人负责、对家庭负责、对集体负责、对社会负责、对国家负责、对自然负责和对人类负责）。

在课程设置上，根据学生的年龄特征，由易到难，由浅入深。在内容上，低年级阶段侧重于"对自己负责"，教材用简洁的文字配上生动的图画来培养学生自主自立地做"好孩子"；中年龄阶段增加了"想想做做"的实践体验活动，培养奉献爱心的"好学生"，学会"对他人负责"；高年级阶段教材图文并茂，增加了实践与思考的内容，放飞理想做"合格公民"，"对社会负责"。

潼港小学"我的责任"校本课程的开设以及学校相关课题的开展，在学生中营造了浓厚的责任意识氛围。这样的环境，提高了学生自主活动的责任意识，发展了学生自主活动的能力，培养了学生的社会责任感和良好的个性品质。该校本课程通过大量的实践活动，使得学生的责任认知与行为相结合，从而培养学生良好的道德品行和核心素养价值观。[①]并进一步调动学生学习的主动性和积极性，从学生的情感、态度和价值观入手发展素质教育，引导学生自知、自立、自强。

（2）笛文化校本课程："多功能笛子教学"。以"'笛韵悠扬　责任传承'——笛文化校本拓展课程的实践与研究"课题为引领，在全面开展拓展性课程的基础上，根据学生的实际情况，引入适合学生学习的"笛文化"校本拓展课程，组建专家团队编写了笛子教学校本课程使用的读本——《多功能笛子教学》。笛子教学有一套系统的校本课程设计方案，分为"文化篇"和"技能篇"来授予儿童有关笛子和演奏的知识。通过笛子教学：以"学民族乐器，知民族文化，扬民族精神，激爱国热情"为主题，引导学生学习笛子吹奏，传承笛子文化；让学生掌握基本的竖笛和横笛的笛子演奏技巧，会演奏各种风格的乐曲。在演奏中培养审美的情趣，享受成功的快乐；通过笛子演奏的左右手指运动，促进学生左右半脑的均衡发展，开发学生的智力。

通过"多功能笛子教学"校本课程的引领，教师在教学中不断优化教学内容与方法，将传统竹笛音乐与学生所喜爱的音乐进行有机结合，运用多种教学形式，与时俱进，来提高学生学习竹笛的积极性和主动性，让他们真正领会笛文化的本质与内涵。这不仅能促进学生全面发展，也使笛文化得以传承和发展。

2. 科研成果

潼港小学的教育科研工作取得了长足的进步。2020年12月，学校

[①] 陆颖姝.自主活动　自我成长——责任教育理念下小学生自主活动的实践探索［M］.上海：上海科学普及出版社，2021：56.

重点课题"责任教育理念下小学生自主活动的实践探索"顺利结题，该课题系统阐释了小学生自主活动的特点以及与责任教育之间的关系、小学生自主活动的设计、小学生自主活动的组织与管理、责任教育理念下自主活动环境的创设、责任教育理念下学生自主活动的评价等方面内容。围绕主课题，产生了《论小学生自主活动中责任教育的渗透》《在小学数学模型制作活动中培养学生的自主性》《小学生班级自主管理活动的实践与探索》《给动物一个温暖的家》《学生自主活动资源的发掘与运用》《小学生自主活动中教师的指导策略》《评价在小学生自主活动中的运用》等31篇子课题研究成果，以及自主活动案例36篇。

2021年4月，潼港小学科研成果《自主活动，自我成长》一书顺利出版，一大批中青年教师的研究成果得到发表。

2021年9月，潼港小学1项市级课题、1项区级课题、3项区级规划课题顺利立项。教师的科研能力和水平正在不断进步，这些是我们以往努力工作的证明，也是我们未来奋斗的起点。

二、建设"潼心课程"的基本经验

主体客体化和客体主体化的双向运动是人类实践活动两个不可分割的方面，它们互为前提、互为媒介，人们就是通过这种运动形式不断解决着现实世界的矛盾。[1]叶澜教授认为："在教育的过程中，教与学的关系性质不是谁中心谁边缘的性质，而是构成教学的多种因素交互作用、动态生成、有机生长的过程。"[2]课程从开发到实施再到评价的优化过程

---

[1] 樊学艺.可持续发展教育与教师主体人格塑造[M].北京：企业管理出版社，2007：16.

[2] 叶澜.基础教育改革深化之路怎么走？[J].人民教育，2015（11）：61.

自然是主体，但里面涉及的主体肯定不是单一性的。课程中最重要的角色是教师和学生，师生通过一种平等的交往关系，共同完成了教学实践活动。潼港小学自主课程的实践中既体现了教师的主体作用，又发挥了学生的主体作用。当然，家庭和社区对学生的支持更是促成潼港小学自主课程发展的一个重要因素。

（一）教师主体作用：发挥教师专业能力和内在潜力

潼港小学课程的不断优化有赖于教师专业素养，他们对课程目标、内容有足够深刻的把握，对教学途径和方法能够正确运用，对学生成长起到正确引导作用，最重要的是能够尊重学生及其个性。潼港小学自主课程的探索和发展，充分发挥了教师的主体地位，体现和发展了教师素养，也进一步激发了教师潜力。

潼港小学的教师在课程的开发、教学、评价上不固守旧有的模板和模式，而是不断探索、不断创新，不断挖掘内在潜力。教师们在课程规划、课程实施、课程创新、课程评价上，一直积极学习探索，不断提升领悟、维护课程的能力。他们还主动学习新技术，比如在教学研究与批判、教育叙事、课题研究，以及教学范式转换、融合课程文化和教育技术等方面主动学习，对课程进行多维度、多层面、多渠道的创新。学校积极发挥"一帮一"活动的作用，注重对老师进行业务指导和帮助，每位老师要对自己所带班级负责，关心学生学习生活，提高教育教学质量。

正是教师们的积极参与，勇于成为课程专家，才有了这么多高品质的课程。教师们敢于向课程专家、课程论专家方向发展，勇于走出课堂发挥自身影响力。在这样的过程中，教师的主体地位也不断得到增强。

（二）学生主体作用：满足学生基本需求和特殊需求

学生是有个性差异的个体，他们有主动构建学习的能力。[①]潼港小学的自主课程取得的成就是在尊重学生主体性的基础之上实现的。学生是受教育的主体，是课程实施中的主体。潼港小学秉承学生自主发展的办学思想，在课程开发、课程评价等环节也引导学生主动参与，让学生在自主课程中拥有更多的自主权利，将学生发展放在课程中心地位。

潼港小学的自主课程类型多样，学生们总能找到适合自己的课程。性格活泼好动的学生可以参与足球课程，喜好安静的学生则可以学习国画、书法课程。此外，潼港小学的自主课程体现了与学生生活息息相关的问题情境，这些情境吸引了学生的眼球，激发了学生的学习兴趣。使得学生可以从生活经验和客观事实出发，感受学习的快乐。

潼港小学的自主课程以学生的实际需要为出发点，以发展学生的个性特长为目标。学生也参与到了潼港小学课程开发和发展中，他们可以表达自己对课程的意见和需求，并进一步推动课程发展进程。他们不是课程的观望者和被动接受者，而是作为参与者促进了潼港小学自主课程的建设。

（三）综合多方资源，实现课程与家庭、社会的良性互动

潼港小学的自主课程由基础型课程、拓展型课程和探究型课程组成，不仅有国家开发的课程，还有体现学校特点的校本课程。

校本课程开发具有一些最基本的特征：（1）校本课程开发是民主开放的决策过程；（2）校本课程开发旨在尊重学生、学校和社区的独特性与差异性；（3）校本课程开发是教育制度内权利与资源重新配置的过程；

---

① 殷晓静. 校本课程开发中学生地位与作用的思考[J]. 当代教育论坛, 2003（7）: 102.

（4）校本课程开发是课程理论与实践不断丰富和完善的过程；（5）校本课程开发是国家课程开发的重要补充。①

学校民主开放式的课程决策，对学生、学校和社区独特性和差异性的尊重以及其中涉及的权利与资源重新配置，除了教师和学生两个主体以外，学生所处的家庭，学生所接触的社区也都成为课程的参与者。潼港小学积极整合校内、校外各种资源，正确处理学校、家庭和社会三者之间的关系，全力为学生自主发展提供更加广阔的空间和可能。

1. 开展"新父母课堂"，助力家校共育

教师是课程资源，学生也是课程资源，家长同样是一种课程资源，课程的成功离不开家长的合作与支持。学校家委会作为家校联系的常设机构，不仅在德育方面扮演重要角色，也对学校教育、班级教学等各项工作起着监督、支持、维护作用。

潼港小学教师和家长志愿者进行深度调研，同时引进专业机构，为学生们设立了朗诵、舞蹈、民乐、管弦乐、油画、雕刻、主持、象棋、羽毛球、乒乓、剪纸、十字绣、国学等社团。

"新父母课堂"应运而生，它可以成为班级举办"聆听窗外声音"行动时最简便、最经济的做法。父母资源也是专家资源。在新父母课堂中举办讲座，请优秀的父母到校开讲，讲给其他父母或者孩子听。

"新父母课堂"，是共享家庭教育资源最重要的形式之一。"新父母课堂"可以与学科融合，不同学科兴趣特长的父母，可以成为老师的助教；可以与阅读结合，成为"故事爸爸""故事妈妈"开展阅读活动的载体；可以让有特长的学生父母走上讲台，对学生进行知识的教学和相关的技

---

① 殷晓静．校本课程开发中学生地位与作用的思考［J］．当代教育论坛，2003（7）：103.

能传授。这样的新父母课堂为父母展现自己的才华搭建了一个舞台，也为学校丰富特色课程资源提供了多样化途径。①

在潼港小学组织的"新父母课堂"中，家长们分享自己的经验、向其他家长展示自己某一个方面的心得、成为"故事妈妈""故事爸爸"，或者共同和学生参与活动，共同完成课程的学习。

2. 共享社区现有资源，扩展课程广度和质量

每一所学校由于所处环境以及自身条件的不同，决定了它们在课程资源方面都有着各自的独特性。②潼港小学的自主课程的开发和实施利用了许多社区教育资源，比如学校开展的"高桥之韵"课程，就以所在地高桥古镇文化为依托。此外，潼港小学还积极接纳社会各方的意见和建议，挖掘课程资源，延请专家学者为教师提供指导和帮助，为课程的开发保驾护航。

潼港小学的课程影响力随着课程的完善也进一步增强。以学校的拓展型课程空手道课程为例，学生在各类的空手道比赛项目中和其他学校进行交流学习，有切磋有竞争才有进步；除此之外，空手道社团还走进社区，与周边的潼江幼儿园、好奇妙幼儿园、上炼三村幼儿园衔接，每学期不定期开展开放活动，给予学龄前儿童以空手道项目的学习体验，扩展了课程的广度和知名度。

"潼心课程"的发展之路，仿佛抬头便能看见的一片星空。每一门课程、每一次教学改革都自有其运行轨迹；看着亮光微弱，其实没有哪一

---

① 朱永新.家校合作激活教育磁场——新教育实验"家校合作共育"的理论与实践［J］.教育研究与评论，2017（5）：20.

② 高天明，刘良斌，高志清.课程资源开发：教师面对的新课题［J］.现代中小学教育，2004（6）：23.

个细小的变动不是经历了无数次研讨、揣摩、改进才最终定型，真正搬进了课堂，融入了学生教学日常。"潼心课程"的建设方兴未艾，在理论与现实的交迭中，不断向前涌动……当前已有获，未来诚可期！

感谢"潼心课程"的各位建设者："潼心课程"走到今天离不开一位位不断求索的老师；离不开对学校怀着殷切期盼的各位家长，在校外无私提供能量的各个团体、单位、组织；而最离不开的，便是那群真正参与到课堂中，第一时间给出反馈的孩子！

也期望潼港小学这群可爱的孩子，在"潼心课程"的哺育下，深其深，浅其浅，尊其尊，益其益，真正有所得、有所获，找到独独属于自己的那颗星星，秉承着"潼心课程"的精神，于黑夜之中照亮他人前进的道路……

第四章
立足学生成长，实施自主高效教学

在新课程的教学中，教学是教与学的交往、互动，师生双方相互交流、相互沟通、相互启发、相互补充，达成共识、共享、共进，实现教学相长和共同发展。同时教与学的关系是一种交流的、互动的和融合的关系，真正地做到在"教"中"学"，在"学"中"教"，教师与学生将组成一个"学习共同体"。强调寓学习于快乐之中，让教师与学生在快乐中学习知识，在课堂上享受学习的快乐。潼港小学积极顺应当前教学改革的趋势，提倡寓教于乐，要求教师运用科学、新颖的教学模式，在备课时根据教学内容和学生的年龄特点，运用学生喜闻乐见的教学工具，设计学生喜爱的教学活动，引导学生在轻松、愉快的氛围中自律、自主地学习知识。

第一节 自主高效教学的基本构成和目标

由于教育改革与学校改革实为一体之两面，很难截然分割，所以关注学校层面的教学发展正日渐成为教育改革的重心和焦点。从以往进行的改革经验出发，人们越来越认识到，"从宏观政策的实施到学生素质的提高之间，存在着一系列环环相扣的环节，而其中最关键的环节是教学，在这点上教育内部存在着极大的改革空间。"① 人们相信，任何成功的宏观教育政策应当有助于推动改善教与学的质量，而且只有通过这个过程，才能真正起到提高教学质量的作用，才能真正在学生身上落实改革的目标。因此，"现在，我们比以往任何时候都更加深切地体会到，教学改革是所有真正意义上的教育改革的基点，必须以教学革新作为基点，建立起学校内部现代教育运行体系和运作机制。"②

自主高效教学是促进学生全面发展、自主发展的基础环节，是培养学生独立思维、创造思维的高素质教育，是培养创造性人才的创新教育。自主高效教育可以被定义为：

一种自我完善性的促进学生全面发展的教育。自主高效教育是以学生真正成为主体为基础，以教师引导学生学会求知、学会办事、学会做人、学会合作为支柱，以学生真正形成创新意识和实践能力为教育成功的标志。③

我国一直采用传统的教学模式，注重知识的灌输，不注重技能的训练；注重记忆能力的培养，不注重思维能力的提高。以考试为手段，以高分为目标，使学生偏重于死记硬背，知其然而不知其所以然，以致学生的质疑能力差、辨识能力差、抗冲击能力差。这种情况远不能适应教育发展和经济发展的需要。现代教育是为经济发展和社会的全面进步服

---

① 钟启泉主编. 课程与教学概论［M］. 上海：华东师范大学出版社. 2004：78.
② 刘志耀，尹明福主编. 课程与教学概论［M］. 成都：电子科技大学出版社. 2016：89.
③ 刘万章，林全福. 引导自主学习　培养自学能力［J］. 教育评论，2001（2）：86.

务的。因此，必须改革传统教育模式。自主高效教学正是适应了这一需要，它把教育学、心理学等有关学科揭示的规律、理论和方法有机地结合起来，通过课堂教学和课外活动帮助学生确立主体地位，发展多向思维，培养创新意识和多种能力，提高全面素质。

一、自主高效教学的基本构成：自知、自觉、自律

根据"五自五会"学生自主发展模式，自主高效教学主要由自知、自觉、自律三个方面构成。

（一）自知

"自知"是"自主"的根本，"自主"以"自知"为关键。《道德经》中认为："知人者智，自知者明。"自知是对自我明确的认识，包括对自我能力、品性、社会地位等的全方位、综合性的认识，是促进个人发展的前提。做人要有自知之明，做事才会量力而行。了解自己是一个很重要的过程，不仅可以帮助个体清晰定位自身，还能帮助自己与他人建立起联系。

实现自我认知主要有以下途径：通过自我观察了解自己，了解生理自我、心理自我和社会自我，在成长过程中不断反思总结。通过他人评价了解自己，虚心接受他人的反馈，不断改正自身的缺点。通过社会比较了解自己，与他人进行有效比较，扬长避短。

在自主高效教学中，自知要求学生对于自身学习水平与能力有一个准确的判断与了解，方便后续的课程学习。

（二）自觉

"自觉"是"自主"的推进，标志着"自主"的不断实现。觉者，觉悟真理之意。

在自主高效教学中，自觉要求学生可以主动学习，积极解决学习过程中所出现的问题与难处，充分体现出个人能动性。

（三）自律

自律是个人在没有外力的监督下，能自觉地完成自己制订的计划，不拖延、不被外界打扰、不被其他事物诱惑。自律需要一种势必想要改变、想要变得更好的决心和不达目标不罢休的毅力。自律的人通常具备以下特质：有自知之明、头脑清醒、目标明确、充满勇气及执行力强。没有目标则没有动力，有努力的方向，努力才有意义。

在自主高效教学下，自律要求学生学会主动学习，将学习当作一件自己必须完成的事，积极主动地完成学习任务，使得学习效率不断提高。

二、自主高效教学的目标

自主高效教学的目标有三：帮助学生树立自知意识，将知识教育转变为智慧教育；引导学生建立自觉习惯，促使学生全面发展；发展学生自律意识，完成从他律到自律的转变。

（一）帮助学生树立自知意识，将知识教育转变为智慧教育

自主高效教育的主要目的在于让学生树立自知意识，在教育活动中将知识教育转变为智慧教育。这一目标也顺应了当前的教育改革大势。

"知识是人类实践、思想的基本成果"是一个最基本的判断。如果从存在方式来看，知识主要是一种具有系统性、逻辑性、抽象性的外在的符号系统，"是人类自我构造出来的却又独立于人类主体与自然客体的第三世界"。智慧则是一个神奇、深邃的概念，从广义来看，"智慧主要是指人们运用知识、技能、能力等解决实际问题和困难的本领，同时它更是人们对于历史和现实中个人生存、发展状态的积极审视与观照，以及对于当下和未来存在着的、事物发展的多种可能性明智地判断与选择的综合素养和生存方式。①

相比而言，知识更多地具有外在的、存储的属性，更具有属物的特性，智慧则更多地具有内在的、创造的属性，更具有属人的特性。但是，知识与智慧又不是割裂开的，知识蕴含着智慧，是智慧的原发地；智慧是知识的升华，是智慧化的知识。尽管如此，知识与智慧毕竟不是同一事物，如果知识不与人的生存处境发生连接，知识就不会具有"智慧"的蕴意，这样的知识只能是平庸的、肤浅的知识。教学通过知识导引学生获得发展是一条永恒的教育真理。开阔的知识视野、良好的知识素养，始终是教学的追求。但事实上，知识不等于生活的智慧。只有与人的生存或生活发生连接而获得其生存意义，知识才能成为人生存的智慧。

现代人如何转识成智，消弭"识"和"智"两者之间的割裂，那就需要营造一个丰富的文化创造和体验的空间，借助多元的、多样化的文化体验来弥合知识与智慧的隔阂。从哲学上看，哲学的本义"爱智慧"就是在进行一种哲学式的生命沉思；而从教育上看，转识成智是教学及其改革的关键所在。

小学生会得到自我评价、他人评价和社会评价，三个不同维度的评价将影响学生重塑"自我"，这个过程中自我意识逐渐形成。平时上课所学，都是知识，属于"应知"层面，而自主的学习活动才是真正的实践活动，具有基础课程无法比拟的影响力。现在，我们正是要运用这种实践（活动）的影响力，对少年儿童的责任意识产生积极的影响。

---

① 徐炳钦.教育规律中小学教育理论［M］.北京：新华出版社，2018：78.

小学生自主发展中的评价阶段也是如此,一位潼港小学的教师这样描述:在老师的引导下,学生进行自我评价和对他人评价。外反馈和内反馈往往会产生一定的差距,迫使学生对自己进行重新认知。重新认知自我,是一个并不愉快的过程,也恰恰是培养学生应具有的社会人格以及强大的内心的必由之路。

在自主高效教学改革思想的引领下,需要转变教学知识观,从科学主义知识观走向生存取向知识观;转变教学价值观,教学要关注学生的现实生活世界。当然"知识的教学"不会自然地成为"智慧的教学","知识的教学"应从学生的生活世界出发,使科学的知识与学生的生存境遇实现对接,使科学知识获得生存的意义,蕴含人的自主、超越、创造等价值特性,从而跃升为人之智慧,这也是自主教育进行的关键。

(二)引导学生养成自觉习惯,实现自觉成长和自信成长

自主高效教学的重要目的在于帮助学生建立自觉习惯,促使其不断向自律进行转变。

自觉是自己有所认识而觉悟,是自动向上的力量,它存在三种层次:一是外在约束下的行为自觉;二是习惯成自然,约定俗成,无需提醒的自觉;三是基于理想信仰,自主自愿的内在自觉。[①]

自觉教育是有意识的自我教育。教育家陶行知先生认为:"自觉的行动,使教育之收效事半功倍,需要适当的培养而后可以实现。"[②] 人本主义心理学创立者亚伯拉罕·马斯洛(Abraham Maslow)认为:"每个人都有发挥自己潜力,表现自己才能,实现人生价值和目标,自我实现的

[①] 吴俊升,王西征编著.教育概论[M].福州:福建教育出版社,2010:98.
[②] 陶行知.中国教育改造[M].合肥:安徽人民出版社,2019:93.

需要，人的最高需求是自我实现。"[1]自觉教育，其核心在于育人，对不同的教育个体产生自省自悟、自律自立、自制自治、自主自信等不同程度的教育效果。

潼港小学引导学生建立自觉意识，以学生自我意识唤醒、自主能力发展、自信品格养成、自强精神树立为主要目标，以课程与教学为核心，以学生主体性实践活动为平台，以教师教育自觉为关键，以学校文化管理为保障，围绕"学校使命自觉、教师教育自觉、学生成长自觉"，致力于让全体师生从自然成长走向自觉成长、自信成长，建构适合每一位师生发展的现代学校教育体系。

（三）培养学生自律意识，激发责任意识和成就感

自主高效教学中的最终目标在于使得学生养成自律意识，从而实现其全面发展，做时代好少年。

自律即人作为主体主动地自己约束自己，自己限制自己。自律具有社会制约性、发展性、自由性。

自律教育，是指培养学生自我约束、自我监督、自我评价和自我调整其行为的教育活动。它的根本目的是以社会倡导的行为规范和价值观为基准，实现学生的行为由他律向自律转化，除此之外自律教育还构建人的自律机制，培养人的自律品质。自律教育对人的发展和社会的发展都具有重要价值。实施自律教育是学生自我发展的需要，是改善学校管理的需要，也是提高全民族素质的需要。学校教学工作应该加强自律教育，培养学生的自律品质，增进全社会成员自律机制的形成。

"自律"者，自内而外，以"觉"为主，与他律的自外而内，以管为

---

[1] 亚伯拉罕·马斯洛.存在心理学[M].冯艺腾译.南京：江苏人民出版社，2022：81.

主，正好相反。自律教育，尊重学生，榜样引领，注重环境，循循善诱，以促进学生自我教育、自我成长为目的；先收其心，再律其行；气氛宽松，随心随性，和谐生动。他律和自律，作为办学育人的"文武"之道，在人的成长过程中都不能少。一般而言，人在从自然人向社会人成长的过程中，先要通过他律建立规矩意识，待到自我意识萌发，能够认识自我、明辨是非，自控能力增强之时，教育的手段应逐步由他律向自律过渡，使人的自律意识得到充分的发展，进而成为有自律能力的人。所以，这"文武"两道各有其存在的价值，也有着内在的必然联系：他律是基础、是前提，自律是促进、是提升，由以他律教育为主过渡到以自律教育为主，是自主自学教育下自律意识由低层次向高层次的迈进。

这种他律到自律演变过程，其表现之一就是责任感的提升，一位潼港小学的老师是这样描述的：在各类自主学习活动中，小学生强化了集体观念、团队精神，增强了对自己，对他人，对家庭，对社会的责任意识，也能够获得成就感与满足感。如果小学生能在自主活动中感受到足够的成就感，就会从中得到正面的激励。为了追求更多的自主活动成就感，学生在日常生活和学习生活中就会表现出更积极的责任意识，责任态度和责任情感。

第二节　自主高效教学的主要举措

2020年，上海市教委出台了《义务教育项目化学习三年行动计划（2020—2022年）》，以创造性问题解决能力为导向，以项目化学习的实践和研究为着力点，以活动项目、学科项目、跨学科项目为载体，促进义务教育学校教与学方式变革，进一步激发学校办学活力。项目化学习因其在跨学科学习方面有突出的优势,因此也成为培养核心素养的一种自然选择。

在小学生自主发展思想的引导下,潼港小学的老师们营造精彩课堂,激发学生的学习热情,调动学生自主学习的积极性。教学的每一个环节,每一个细节,都需要教师用自己的智慧精心预设问题情境、启发提问、组织交流、合作分享等,实现课堂教学效益的最大化。

一、倡导主动学习,培养学生学习内驱力

我国古代教育家颜之推说过:"独学而无友,则孤陋而寡闻。盖须切磋,起相明也。"足见古人早已知道合作、主动学习的重要性。主动学习正是在"生命发展教育理念"引领下,教师着眼学生课堂主动学习和生成的最优化探索。主动学习这样一种全新的学习方式能使学生在教师的引导、暗示下,在自主学习和课堂学习中主动进行质疑、释疑,以积极、自觉、主动的方式大量地获取知识、运用知识、解决问题。

主动学习是指"改变老师单方向授课的形式,调动修学者主动参与的授课及学习方法的总称,旨在通过修学者的主动学习,培养其认知、伦理、社会能力、综合素养、知识及经验等多方面能力。主动学习包括发现学习、同题解决学习、体验学习和调查学习等,在教室进行的分组讨论、辩论、分组作业等也是其有效方法"。[①]

与被动学习相比,主动学习更有效率,更能激发孩子的学习热情。在主动学习的状态下,孩子不仅学会在重要知识点上画线、用颜色来突出、在空白处做注解、做"学习闪卡"和复习大纲,而且还能发展出自

---

① 龙军,殷建平,祝恩,赵文涛.主动学习研究综述[J].计算机研究与发展,2008(S1):300-304.

己的一套自学系统而不需要死记硬背。这样的学习有利于学生在感兴趣的自主活动中全面提高能力,是培养学生主动探究、团结合作、勇于创新的重要途径。

(一)优化学习环境,凸显学生主体

1. 课堂环境的改变:学生动起来,课堂活起来,效果好起来

自从班级授课制度产生以来,人们对教室结构的研究便情有独钟,出现了许多教室结构的构想和方案。教室应该打破传统的设计和想法,真正为学生的学习起到一定的促进与引导作用。美国渐起无讲台运动的故事充分体现了教师以学生为中心,一切为了学生服务的思想。

教育空间不仅是个空间,更重要的是要有教育的功能。学校教育空间是一个集文化传递、教育教学和情感支撑于一体的空间,是一个兼具系统性与创造性的长期工程。它蕴含着学校的文化内涵、育人理念和办学目标,指向学生全面发展、教师专业成长与学校高品质发展。当学校不是为了空间而建设空间,而是立足培养人的旨趣去建设空间时,关于教育空间的探讨就会变得更加立体多元,会关注教育空间的目的,关注教育空间的内容,也会关注由谁以何种方式去创建教育空间等。[①]

潼港小学一直秉承促进人的发展的理念,进行教育空间发展规划,其规划具有内在连续性,也具有时代发展特征。回看与展望其发展历程,可以很明显地发现,学校的教育空间规划经历了从关注外在环境建设到关注文化渗透的转变,未来将更多地转向为课程教学、学习方式变革提供支持。这就意味着学校对于如何走向自主发展有了更深一步的思考,认识到学校环境即教育资源,要积极发展学校环境主动育人的功能,让

---

① 祝智庭.智慧教育新发展:从翻转课堂到智慧课堂及智慧学习空间[J].开放教育研究,2016,22(1):18-26,49.

不同的主体都能够真正成为创造者和受益者。也意味着要不断更新与深化教育空间的理念，逐步从外在环境建设走向文化内涵创建，从关注教师的教转向关注学生的学，为教育空间迭代创新提供方向，为学校办学注入全新的活力。学校提出了多元主体参与、师生共同成长和拓展空间边界等教育空间理念，主张站在孩子的立场去给孩子创造和提供适合其成长与发展的环境，让孩子成为教育空间创建的参与者与受益者，理解、认同和践行教育空间背后的理念，以期在最大限度上让学生在特定的精神环境、文化氛围中陶冶情操、启迪心智，促进自身的全面发展。

为了创造师生零距离互动的课堂环境，潼港小学倡导"无讲台课堂"，学校撤掉了讲台，给予学生更多空间，以便"学生动起来，课堂活起来，效果好起来"。教室前面的讲台没有了，师生同在一方空间，同处于一个平面。让课堂更多地成为学生自我表现和自主发展的舞台，而不再是教师高高在上的"指挥台"。自主课堂，我参与，我快乐；自主学习，我自信，我成长；这样的理想正在变为现实。

2. 阅读环境的改变：学校就是一个图书馆

2018年暑期潼港小学校园环境改造完成，原先两个校区分别在五楼、三楼区域的两个图书馆，都搬迁至底楼，一是考虑到老建筑楼层的承重力；二是方便图书搬运；三是为了增扩场馆面积；四是让图书馆书香气息落地生根，随时与师生亲密接触，而不是空中楼阁，高高束起，给人以距离感。搬迁后，清溪路校区的图书馆从原先的250平方米扩大至359平方米，大同路校区从原来的33平方米扩大至108平方米，没有藏书区、阅览区、流通借阅区、电子阅览区、视听区、演说区等。图书馆的场地还有多种用途，早上与中午成为教师们就餐或交流思想的地方，在教研组、各条线学习时又成为研讨的区域，还可以是家校互动、退休教师联谊，甚至每月一次师生烘焙社团的活动场所。

学校为全校所有班级在原先只有一个的小书柜的基础上统一配备了新书橱，新书橱的长度、高度与新黑板多媒体匹配，由各班自主管理，建设具有班级特色、符合班级文化的"微图书馆"。于是"胡萝卜书屋""彩虹书屋""一起读书吧""博雅阁"等名称诞生了。这些"微图书馆"图书来源之一是通过班级团借，利用班级借书卡向学校图书馆团借图书；来源之二即每位学生自带家中藏书；来源之三是图书漂流活动的图书杂志。各班通过制订班级读书计划，成立班级读书小组，以制作阅读卡、好书推荐、展示读书心得等方式，保障了微阅读活动的有序开展。微图书馆建设还延伸到了教室外，走廊中陈列着亲子阅读照片、自制书签、书画作品、手写读书记录卡等。微阅读活动呈现了全体总动员的态势，孩子的想象力与知识储备都发挥出来了，也带动了好多家长与党团员老师的参与。

我们的目的就是见缝插针，打造许多个身边的图书馆，让孩子随时随地可以把书捧起来。书香不只是在图书馆里，它应该弥漫在每个教室里。

总之，潼港小学围绕着立德树人的教育根本任务和自主发展的育人理念，不断去理解、实践和创造学校的办学文化和教育空间，从而让进入到学校环境中的人，都能从中汲取到生命成长的能量与智慧，也能感受到学校的文化与幸福。这样，学校教育空间就会成为一个有理念支撑、有情感温度、有生命成长的幸福空间。

（二）突破教学常规，培养创新精神

中小学教学改革与创新是在原有的教学理念上进行创新，不再以升学率决定一切，真正做到培养学生德智体美劳全面发展，在传授知识过

程中注重学生技能的培养和提高。潼港小学积极组织各学科教学研究活动，鼓励教师打破传统教学安排，进行创新教学。与此同时，潼港小学通过科创活动来试验新型教学方式，推动教学创新，从而提高学生学习的积极性。

2021年10月19日，由张江国际青少年创新创业实践基地携手浦东新区六师附小集团共同开展的以趣味性、知识性、科学性、实践性和创造性为基础的"科创社会实践活动"如期开启，来自潼港小学的同学们走进大金（中国）投资有限公司上海分公司，零距离体验空调调节温度的秘密。在科创课程中，张江国际青少年双创基地老师采用授导型与探究型相结合的教学模式，以创新和实践能力为切入点，从科学的角度来分析人类面对"未来"科技的各种立场和思潮，通过将多元化、智能化渗透到教学中，引导青少年运用发散思维，探索解决问题的方法。

同学们在学会了"生态空调"制作原理后，纷纷用塑料瓶跟硬纸板设计创作出了一台不耗电的"生态空调"DIY科技作品，这次科创活动不同于以往常规的教学模式，极大提高了学生们的学习热情。

为了进一步推动"双减"政策在课堂上落地生根，更好地促进教师的专业发展，潼港小学积极进行教学研究活动，如数学教研组的老师们共同聆听施奕清老师执教的"通过网格来估测"。在课上，施老师力图在结构上有所突破，改变惯有的教师问，学生答，教师讲，学生听，学生被动接受学习的局面。从而采取"以境吸人、合作探究"为主的教学模式，让学生在愉悦与轻松的学习过程中更深层地领略"网格法"估测的方便之处。整节课施老师把课堂教学和学生的参与状态、合作状态、思维状态、情绪状态等有机地联系起来。通过创设情境的趣味性来吸引学生学习的热情。支持学生通过小组同学间的动手、动脑、动口，主动获取知识,从而培养了学生的团队精神、自主学习的能力、动手操作的技能和创新意识。施老师的课得到了学生们和老师们的一致好评。

(三)创设问题情境,激发学习兴趣

"转轴拨弦三两声,未成曲调先有情。"一个好的情境创设不仅能激发学生的学习兴趣,也为一节课的良好开展奠定了坚实的基础。学生最好的老师莫过于对所学材料本身具有内在的兴趣。在教学过程中融入新颖的故事、生活情境是巩固新知培养学生基本技能,也是发展学生思维的必要手段。

以数学课"分数的初步认识"为例,教材是秋游中两个学生分食物的场景。先从多个事物的平均分,到一个蛋糕的平均分,不能用一个自然数来表示,从而产生了一个新的数——分数。当我们仔细对学生的学习起点进行了解后会发现,有60%的学生对分数有一定的了解,主要的难点是对分数真正含义的掌握。所以我们摒弃了原有的主题场景,设计与生活相关的故事情境——丁丁和爷爷分一块月饼。首先让学生想想:"如果你是丁丁会怎么分?"并用一句话表述自己的想法;然后通过一个圆形纸片分一分、画一画,体会平均分。学生学习数学,就是通过不断地联系日常生活现实,进行数学抽象,用现实生活的需要理解数学、探究数学,学生的头脑不会只停留在日常生活的范围内,还会按照数学内部的规律建构自己的数学认知体系。将数学学习寓于故事情节中,能激发起学生强烈的学习动机,提高学生的自主参与度,感受其内隐的趣味性。

又如,教学五年级"体积"一课时,由于物体的体积的大小概念是学生生活中比较熟悉的生活常识,故先让学生说说他们对"体积"的认识。然后,引导学生把熟悉的生活常识通过感知、观察、归纳、提炼到数学层面上来,通过建构数学概念来发展空间观念,理解数学意义上把

物体占据空间的大小称为物体的体积,实现有意义的数学概念建构。

蔡文俊老师在低年级数学绘本创作的实践研究中就认为优秀的情景创设有利于学生学习兴趣的培养。她这样描述:

著名教育家皮亚杰说过:"儿童是具有主动性的人,所教的东西要能引起儿童的兴趣,符合他们的需要,才能有效地促使他们的发展。"低年级学生对生活充满好奇、喜欢模仿,能用简单的符号记录自己的想法,但不具备用大量文字表达思想的能力。数学绘本符合他们的心理特点,它颜色丰富,以图片为主,加上少量文字,非常适合他们阅读和理解。数学绘本创作,学生可以选择或创作自己喜爱的故事、人物,融入数学知识,细化了概念,增强了趣味性,也提高了学习数学的兴趣。

(四)巧用问题激励学生自主探究

在小学课堂教学中,自主探究是非常重要的一部分。通过自主探究,学生能够更深入地理解知识,并且能够发掘出更多的潜能。因此,潼港小学的老师们积极引导学生进行自主探究。

一是鼓励学生提出问题。在课堂上,教师给学生提供开放性的问题,让学生思考并回答。这样能够激发学生的思维,让他们更加积极地参与到课堂中来。

二是提供充足探究时间。在课堂上,教师给学生足够的自主探究时间,让他们有机会独立思考、独立解决问题。这样能够培养学生的独立思考能力和创新能力。

三是鼓励学生合作探究。在自主探究的过程中,学生之间应该互相帮助、互相交流,而不是单打独斗。通过合作探究,学生能够更好地理解知识,并且能够培养出团队协作的能力。

潼港小学的老师们引导学生进行自主探究,并提供充足的支持和鼓励。这样能够让学生更好地享受学习的过程，并且能够培养出他们的自主学习能力和创新能力。

以数学课堂为例，教师提出的问题既要突出教学的重点和破解教学难点，更要着力于发展学生的数学能力。比如，在复习直线、线段、射线的教学时，教师提出以下问题，引导学生更好地理解概念和掌握相关知识技能：

① 直线比射线长？

② 延长角的两边，角度就会变得越来越大吗？

③ 两条直线相交成直角时，这两条直线就互相垂直？

④ 不相交的两条直线叫作平行线？

⑤ 连接两点之间的线段就是两点间的距离？

⑥ 平角是一条直线？周角是一条射线？

好的问题既可以激发学生的思考热情和求知欲，也可以激发学生自主探究兴趣，更能让学生的学习获得成功的体验和促进学生数学能力的提升。因此，教师精心设计课堂提问，是提升学生自主学习的能力和培养学生自主探究兴趣的有效策略。

放手让学生亲历知识过程。学生是学习的主体，只有让学生亲身经历知识的形成过程，这样学得的知识才最深刻。课中充分尊重学生的主体地位，给学生充分的时间和机会，放手让学生大胆探索，使学生在合作中体验，在体验中思考，在思考中发展思维。老师在这里只是一个组织者、合作者、引导者。

从潼港小学的经验来看，设计学科探究活动，能有效提高学生的探究兴趣，激发学生学习新知识的强烈愿望。在动手操作中，抽象的知识变得具体、感性，便于学生掌握。同时，动手操作的过程是由眼睛、耳朵、嘴巴、手和其他感官共同参与的。通过训练，学生不仅能掌握知识和技能，同时让学生亲历知识的形成过程。

二、掌握学习方法，保障学生高效学习

在自主发展思想中，学生个人的成功是努力和正确的学习方法共同作用而来的。正确的方法是成功的三要素之一，如果只有刻苦努力的精神和脚踏实地的作风，而没有正确的方法，是不能取得成功的。由此我们可以知道学习方法的重要性。

学习方法是学习理论体系中极其重要的构成要素之一，学习必须研究学习方法。学习方法可以分解为四个要素：一为原则，即人们在学习活动中应该遵循的准则或要求；二为程序，它是指学习行为的先后顺序；三是方式，即完成一项学习任务所采取的具体途径、具体方法；四是手段，它是指学习活动中采用什么样的物质手段，以及如何运用物质手段。①

学习方法的重要性还表现在：对于所有的孩子而言，课堂学习的时间是共有的，书本上的知识内容是相同的。要实现超越，必须掌握科学、实用、高效的学习方法，只有这样才能实现高效学习，走向自主发展。

（一）制订学习计划，规范学生学习总体目标

在学生自主发展理念的引导下，潼港小学提倡发挥学生的个人主观能动性。在教学过程中，我们利用多种方式试图激发学生的自主性。学习计划的制订也是其中重要的环节。

高尔基说："不知明天该做什么的人是不幸的。"正如建造楼房先要有图纸，打仗先要有部署一样，学习也必须制订好一套切实可行的计划。

---

① 郭德俊，李原.合作学习的理论与方法［J］.高等师范教育研究，1994（3）：43-47.

制订学习计划也属于自主高效教学过程中的重要部分。

学习计划可以使孩子养成良好的学习习惯，如按计划学习，专时专用、讲求效率、独立钻研、务求甚解，以及查阅工具书和资料等，使自己成为能够有条理地安排学习、生活的人。有的父母和孩子认为，学校有教育计划，老师有教学计划，跟着老师走，按照学校的要求办行了，自己不必再定计划，这种想法是不对的。因为学校和老师的计划是针对全体孩子的，而学习是富于个性化的活动，每个孩子应该按照老师要求、针对自己的学习情况制订具体的个人学习计划。计划是实现目标的蓝图，按照计划行事，能使自己的学习生活节奏分明。这种计划观念和计划能力，对孩子的一生都有好处。

潼港小学十分重视学生个人学习计划的制订，依托直播、专家讲座、课堂组织等多种方式来指导学生制订属于自己的学习计划，促使学生自主规划好个人时间。即使是在寒假，学生们也积极响应号召，根据自身学习情况，制订专属于自己的学习计划表，做自己的时间管理大师。

（二）改进学习方法，助力学生高效自主学习

2020年开始，潼港小学成立项目化学习工作小组，开展了浦东新区首批"项目化实验学校"的创建工作。作为浦东新区校本研修学校，几年来一如既往不断前行。学校十分注重在日常的教育教学中对教师们的教学水平、研究能力等进行适时把脉，鼓励教师积极收集问题、正确面对问题、合理解决问题，把问题转化为个人学习的突破口，项目化开展实践研究与探索。通过实践与研究，激发、培养了教师"基于真实问题，发现、分析、解决、迁移"的创造性学习意识和习惯，教师发现问题、分析问题、解决问题的研究意识和研究能力不断得到提升，专业自信心不断得到加强。全体教师普遍已建立以学生为中心的教育观、课程观，

第四章 | 立足学生成长，实施自主高效教学

整个教师团队都有着积极主动的学习愿望，希望能够通过项目化学习系统的培训和实践，提高自身的专业素养。

几年来，学校在尝试项目化学习的过程中遇到了不少的问题和困难，如项目化学习的概念界定，如何更好地在学生探究活动中设计有效的驱动问题，如何开发有效的评价体系，等等。虽然遇到的问题不少，但也同时为学校开展项目化学习积累了一定的经验：我们的课堂正从以老师教为主转变成以学生学为主。学生不再被动地学习知识，而是通过发现问题、解决问题的过程获取知识，更多的教师能关注学生的学习过程和学习经历。

项目化学习实践案例分享："高桥民谣"活动项目化学习设计

项目名称：高桥民谣
项目时长：八周
项目对象：五年级学生
一、项目简述
高桥古镇有着"万里长江第一镇"美誉，潼港小学就坐落于这座历史悠远的古镇之中。学生们通过对一首首描绘劳动、生活的画面的民谣的探究，了解了这座古镇的历史，感受了这座古镇浓厚的人文气息。"苟日新，日日新，又日新"。为期八周的项目化学习过程中学生们所表现出的通力合作、不断改进、敢于创新，又契合了新高桥蓬勃发展的时代特色。

根据学生的实际情况年龄特点等，我们决定把项目的驱动问题设定为：如何设计有高桥特色的民谣？用8周时间循序渐进地完成这个项目化学习活动。学生在计划组织—实践探究—交流表达—汇报感悟中学习与进步。整个综合实践活动，从内容感知的角度，旨在让学生了解高桥的历史文化，熟知高桥民谣，熟悉高桥民谣的特色，从而激发对家乡高桥的热爱之情；从培养能力的角度，旨在提高学生搜集处理信息的能力、小组合作的能力和创新创作的能力，从而使学生形成合作意识和自主探究的意识。

二、项目实施
第一阶段：学生分组
具有人文色彩的主题，做得不好，很容易显得枯燥乏味。为了能让学生们尽情发挥能动性，不框死他们的思路，在整个高桥民谣综合实践活动伊始，如何引起他们的兴趣尤为关键。另外，项目化学习要求小组合作完成，所以一个优秀的领导者，对于团队的建设，以及充分调动队员的积极性和能动性也很重要。

在第一阶段第一堂实践活动课上，教师的引导学生整体感知项目化学习的特色，再给出驱动型问题：如何设计有高桥特色的民谣？让学生们初步交流可以从哪些角度去探究高桥民谣。

随后，进行第一个关键任务：明确分工。具体步骤如下：1. 确定组长，招募队员；2. 队长根据队员特长或队员自荐进行分工；3. 队员们商量如何根据主题进行多渠道探究活动。

第二阶段：学习高桥民谣的资料

因为地域和人文特色太浓，资料搜寻非常困难。学生们利用周末时间，以小组为单位外出寻访。他们的足迹遍布高桥——绒绣馆、仰贤堂、江东书院、高桥文广中心、书店，甚至更远些的浦东图书馆和上海图书馆，都可以看到学生们的身影。

学生们在寻访的过程中，克服了时间冲突的困难，服从组长的安排，充分体现了团队意识。每次的寻访都由学生自行组织完成（除了较远的上海图书馆由家长陪同），充分锻炼了学生的胆量和独立能力。整个寻访过程较长，学生们可以合理安排每次寻访的地方，并花费大量的时间去寻找理想的资料，充分体现了主动性和坚持性。活动期间，学生课余讨论的话题都是周末的探究安排和其他组的探究进程，充分体现了学习积极性和上进心。

第三阶段：设计方案，执行计划

在项目的这一环节中，学生利用周末收集资料，在每周的课堂上，他们都会交流本周的探究进程，并制订自己组的民谣设计方案。同学们在交流进展的过程中思路清晰，有明确的研究方向，并能够用简洁的语言概述每周所得，以及下一周的计划。教师在学生交流设计方案的过程中，也会适时引导学生，给出建议。

第四阶段：项目的交流与反馈

在设计好方案后，进入了项目的第四个小组汇报交流环节。汇报的过程中，其他同学仔细聆听，认真思考，在组内轻声讨论，对发言小组进行评价。针对汇报组方案或初步展示结果，大胆质疑，提出修改完善的意见。被提意见的小组虚心听取意见，结合自己组的实际情况，讨论修改自己的探究方向和报告形式。整个过程充分体现了项目化学习的自主性和探究性，学生们学会了如何在坚持中合理调整策略，以达到更好的效果。

三、项目展示结果

最终的展示汇报课精彩纷呈，经过 8 周的项目化学习活动，各小组最终的成果各不相同，十分具有特色和创新性。6 个小组从各个角度展示了高桥民谣的特色，让每一位同学从不同角度感受到了这一文化瑰宝的魅力，领略了家乡高桥的独特风采。才艺部分绘画、弹唱、创作的展示，让汇报变得更加鲜活、有趣，给本次探究实践活动画上了圆满的句号。

四、评估与反思

整个项目化学习活动周期长，需要学生们围绕驱动问题不断去思考，利用一切可利用的资源来搜集资料，然后将资料进行整合，并利用一定的技术制成 PPT 报告，最后用各种形式展现他们的成果。8 周的探究时间，充分磨砺了学生的意志，让他们形成了不断探索和做事坚持的好习惯，发现了彼此之间的闪光点，同学间更和睦、更团

> 结。搜集资料的过程，学生们走进书店，走进文广中心，走进图书馆，走上街，走进具有历史气息的博物馆，学会了多渠道收集资料的好方法；整合资料的过程，学生们利用 PPT 打文字、插图片、插音频和做超链接，提高了使用电子产品帮助学习的能力；汇报的过程，学生们表演了古筝、吉他、舞蹈、说唱，将兴趣爱好与学习完美结合，提高了自身的综合素质。
>
> "追去日之艰辛，抚今日之美景，望来日之方长，历史、文化之彰也，物质、精神之显也，和谐生动，能量正大，直可期于万年而至于无穷尽者，大业、盛德之谓欤！"[1] 高桥著名学者、上海大学美术学院教授、美术学家徐建融先生所作的《高桥赋》，将千年古镇高桥的古今之魅展现给了大家。而本次"高桥民谣"项目化学习活动，也切切实实让学生感受到了这座古镇浓厚的文化底蕴，以及蓬勃的朝气，正如这群孩子身上所蕴藏的无限潜力和创造力。

潼港小学的一线教师在开发课程实践活动的过程中，已经有意识地开始运用项目化学习理念，并在实施过程中不断改进、完善，将一个个活动项目做成了一个个微型课程，形成了课程体系。

如在语文学习周，组织学生开展"美丽汉字小达人""古诗词大赛"等活动，引导孩子们在丰富多彩的活动中挥洒少年的热情，施展才华智慧，感受着语言文字的魅力，品味着中华文化的博大精深。这样的课程引领着学生走进汉字的国度，感受诗词魅力，激发了学生学习诗歌的兴趣，培养了学生合作学习的意识，提高了学生们的问题意识，锻炼了学生自主开展活动的能力。

潼港小学的项目化学习实施还体现在其他诸如课外阅读、口语交际、习作等领域。正如我们所了解的，语文是一门综合性很强的实践课程。当语文遇上项目化学习，学生在变，由被动学习转变为自主学习，地位变了；由个体学习转变为合作学习，角色变了；由接受学习转变为探究学习，方式变了；由被动参与转变为积极踊跃，情绪变了；由循规蹈矩转变为天马行空，思维在变。当语文遇上项目化学习，更需要教师的转

---

[1] http://www.163.com/dy/article/E3BT60OH05371MEK.html.

变，由单科学习转变为综合学习，课堂容量要变；由主导教学转变为协同教学，课堂角色要变；由传授知识转变为组织探究，课堂职能要变。在这种项目化学习之中，学生们不断锻炼着自己的多学科融合能力，提高自己的协作能力。

三、提倡个性化教学，激发学生学习兴趣

相较于传统的课堂教学，个性化教学注重的是师生、生生的互动，学生能够就遇到的问题提出疑问，教师会及时解答学生的疑问。个性化教学特别强调对个体的尊重，为学生的个性化发展创造了机会和条件，使学生得到更大的重视。在个性化教学中，学生容易集中注意力，进而提升学习兴趣。因此，在个性化教学中，学生的学习兴趣能够得到更大程度的重视。在个性化教学中，教师和学生的地位是平等的，彼此之间相互尊重，共同为达成一个目标而努力，创建一种平等和谐的课堂氛围。

个性化教学强调学生的个性发展、职业规划以及社会需求应该紧密结合起来，符合当前知识经济、和谐社会的较高要求。在教学中，教师可以通过使用个性化教学，营造对学生个性发展有利的学习环境。让学生有机会展示自身的优势，为之后的就业做一定准备。[1]

在学生自主发展思想的引领下，潼港小学积极组织多样化教学，以提升学生学习的体验感，提高教学有效性并且丰富学生的学习经验。一方面，潼港小学开展微课课程，在课前预习、课后复习等环节帮助学生利用空余时间提高学习效率。另一方面，依托网络资源，打造适合学生学习的编程等课程。总之，潼港小学不断拓宽教学领域，尝试多样化教

---

[1] 李如密，刘玉静.个性化教学的内涵及其特征［J］.教育理论与实践，2001（9）：37-40.

学，力图通过这些方式实现学生的自主发展、自主成长。

（一）丰富教学方式，体验个性学习

1. 全年段微课教学

微课起源于 2008 年左右，由美国新墨西哥州圣胡安学院的高级教学设计师、学院在线服务经理戴维·彭罗斯（David Penrose）首创。他主要将微课应用于圣胡安学院的《职业安全》课程中，并收到了良好的效果，他本人也被后人戏称为"一分钟教授"。[①] 由微课模式衍生出的翻转课堂教学模式，影响着世界各国的教育领域。类似的微课模式，还被大众科普方向的 TED-Ed 网站成功采用，并逐步渗透到面向高等教育的诸多慕课自主学习类平台。

潼港小学将微课教学作为一种对教与学进行支持的新型课程资源，与其他课程要素共同构成了微课程。当学生通过微课教学模式开展学习时，他们就是以微课作为媒介与教师产生交互活动，通过面对面辅导、在线讨论等进行直接交互，从而产生有意义的教学。潼港小学顺应课程标准，积极应用微课开展教学活动，激发了学生学习兴趣，提高了学生的学习能力。

微课课堂受到人们认可的一个主要原因在于，这种模式通过视频这个载体把知识的"先讲"部分前移到课前、课外，课堂时间可以用来进行深层参与和有意义学习。微课使学生可以不再拘泥于课堂所学，可以按需索取自己想要的资源，为自己制订个性化学习方案，对于所学专业的知识，可以查漏补缺，更可以巩固强化。微课资源的微型化、片段化符合个人学习者的学习习惯，能有效增加学习机会和满足学习需求，是

[①] 孙杰远，温雪. 微课的原理与技术［M］. 北京：中国轻工业出版社. 2016：34.

学生课外延伸的个性化学习的最好载体。另外，学生可以利用移动学习终端设备随时随地开展个性化学习，让教师不再是讲台上的圣人，而是身边的导师。在自主发展思想引领下，微课课堂极大限度上促进了学生的自主学习，进一步推动自主高效教学。

2. 低年级语文阅读教学

鉴于低年级学生好奇心强、好动、好模仿，思维上具有直观性、具体性、形象性的特点，潼港小学在低年级语文阅读教学中实行符合学龄的新模式。老师在交流的过程中及时地了解课堂的动态，适时地引导学生进行学习，最大限度地提高课堂教学效果，加强了师生之间的交流，使课堂教学更加具有目的性。

（1）导入新课，激发兴趣。良好的开端是成功的一半。阅读教学必须从创设情境、激发阅读兴趣开始。我们要求教师要善于运用多媒体、实物、挂图、范读、游戏等手段。以部编版小学语文一年级上册拼音单元为例，老师可以借助书中插图，通过生动有趣的故事来导入要学习的拼音宝宝。如《项链》导入部分，老师可以佩戴珍珠项链，引导学生想象生活中还有哪些不同材质的项链，从而引出大海的项链是什么。低年级导入新课的方式大都可从直观、有童趣的角度来切入，创设平等、民主、和谐的学习氛围，引起学生参与学习的兴趣，让学生顺利进入课文情境。

（2）初读课文，独立识字。初读时，读准字音，读通句子，标上自然段序号。在《项链》中，运用课文动画，让学生初步感知课文；通过自由朗读，引导学生进行信息筛选，从中提取相关信息，使学生了解小娃娃和大海的项链分别是什么。教会学生借助拼音独立朗读，反复朗读，让学生通过整体阅读课文，在语言环境中认字学词，认认真真地把课文读得正确连贯。

（3）精读课文，识字朗读。在上述学生独立识字的基础上，逐段（或部分）检查读书，指导识字写字。其中一类生字要强化读音，分析字形、了解字义，分析结构、指导书写。在教学生字时，采用了多种方法：观看视频，生动形象地展示了"贝"的演变过程，从而让学生掌握"贝"的字形；"禾木旁"重点教学，它由"禾"这个熟字演变而来的，教学时借助与生字"禾"的比较，让学生发现"禾木旁"字形的变化。

写字训练遵循"教师范写—学生描红—独立仿写"的过程。指导学生观察生字在田字格中的位置，训练学生观察字形的能力；指导学生正确的书写方法，培养学生良好的书写习惯和认字能力。本段中的二类生字只认不写，只要求读准字音即可。

识字写字之后再指导读书。这次读书，目标是指导学生有感情地朗读。教师要善于运用范读、比赛读等多种形式激发学生读书欲望。这一段（部分）学完了，再学下一段（部分），直至全文结束。

（4）诵读全文，积累语言。通过读全文，达到提高认识与积累语言的双重功效。通常可围绕以下三方面进行设计：分角色朗读课文；分角色表演读课文；熟读成诵。在形式多样的读中着重引导学生注意朗读中的停顿，帮助学生进一步建立句子和段落的概念，加深对课文的理解，达成读正确、读流利的朗读目标。

（5）巩固练习，完成作业。作业板块可以加强对"我会读"的认读，"我会写"的书写，完成相应的配套练习册，加强巩固学过的知识。

低年级学生语文阅读能力，是语文阅读素养的基础。潼港小学根据低年级学生特点，加强学生自主、创新的语文阅读学习，从而有效构建低年级语文阅读新教学模式，促进低年级学生阅读素养的有效形成。

3. 中高年级语文阅读教学

教学活动的基本形态就是交往和探究。交往是活动的基本形式，要给学生创造"学"的空间、"交流"的平台，让学生在交流中分享、在探究中深化，使学生真正成为学习语文的主人。基于此，潼港小学将中高年级语文阅读的课堂结构分为四个环节：预习探究（预习）—合作交流（合作）—品读体验（品读）—巩固延伸（延伸）。改变"以教案定教学，顺教案而导学"的传统做法，初步树立"以学定教、顺学而导"的教学理念，并建立相应的教学结构，依据语文母语课程的特点，让学生直接接触语文材料，关注学生学习过程的体验与感受，以及关注学生的创造性与主体人格的培养。尽可能地让学生在"预习"中做到心中有数，在"合作"中训练能力，在"品读"中积累语言，在"延伸"中巩固创新，在大量的语文实践中掌握学习语文的规律。

（二）开发趣味教学，引导持续探究

在当今的现实社会中，应试教育仍然是主要的教育方式。但应试教育已经越来越脱离社会发展的需要，越来越不适应社会发展的要求，而且已经成为社会发展的重大阻力。人类社会急需一种适应人类政治、经济、文化、科学等各方面综合发展的全新的教育理论和教育方式，趣味教育就是在这种形势下诞生的。

趣味教育以人的个性心理特征为基础，强调寓教于乐、寓教于情、因材施教、分类教育、个性发展和自主教学。趣味教育是以人的心理情趣为主导，以全面发展人的心理素质和提高人的学习乐趣为目的，以受教育者的个体心理特征为基础，在教育者有针对性的启发和引导下，让受教育者自主地、创造性地、有规律地、不断地探索和发现新的知识、理论和真理。从而最充分地满足每一个受教育者的求知欲、创造欲和幸福欲的一种全新的教育和学习方式。①

趣味教育不仅培养人的智能、增长人的知识，还培养人的情感智能，提高人的想象力、创造力和学习乐趣，旨在把人培养成全面适应社会发展、适应社会和自我心理环境的幸福人才。传统的学习方式把学习建立在人的客体性、被动性和依赖性的基础之上，忽略了人的主动性、能动性和独立性。结果往往是学生虽有很强的认知能力，却不能在真实情境中灵活运用知识，教学也从根本上失去了对人的生命存在及其发展的整体关怀。

潼港小学开发趣味教学就是要转变这种单一的被动的学习方式，提倡和发展多样化的学习方式，特别是自主、合作与探究的学习方式，让学生成为学习的主人，使学生的主体意识、能动性和创造性不断得到发展，培养学生的创新意识和实践能力。以数学学科为例，除了基础课程教学，潼港小学在数学拓展课上试运行"潼趣Maths课程"。有别于传统课堂，"潼趣Maths课程"，非常有趣，形式多样，进一步提高学生的学习兴趣，让学生真正感受到数学文化的无限魅力，让学生获得积极情感，同时提升数学素养。

为了进一步推动"双减"政策在课堂上落地生根，更好地促进教师的专业发展，提升教师的教育教学水平。潼港小学数学教研组以"落实双减，提质课堂"为主题，开展了组内的教学研究活动。

青年教师徐家辉为本次活动呈现了一年级的教学研讨课"数射线"。"数射线"这堂课是一年级第一学期准备期的最后一堂课。为了提高学生的学习兴趣，徐老师在教学中设置了小动物在数射线上比赛跳远的情境，

---

① 区华宇，田丽丽. 趣味教育的基本原理与发展方式[J]. 中国校外教育，2016(18)：85-86.

把整个的教学过程连贯起来，使学生置身于一个热闹的比赛气氛。在教学中，让学生们看图讲讲小动物在数射线上跳远比赛的故事，使学生们由感性的认识（小动物从几开始跳，跳到几，跳了几格，谁比谁跳得远/近）自然过渡到理性的感知（从几到几是几格，几比几大/小），自己学会在数射线上比较数的大小。并为学生以后在数射线上学做加减法打下基础。而且，教学中让学生自己组织语言把题意用讲故事的形式说出来，锻炼了低年级学生规范的语言表达和逻辑能力。

四、促进师生交流，提高教学效率

在学生自主发展的理念引领下，潼港小学以促进交流、提高教学效率为主要目标，促进学生自主自学，助力学生全面发展。

（一）营造对话文化

课堂教学总是存在着某种文化，不管我们是否意识到，学生都在进行着某种"文化适应"。因此，重要的问题就在于教师应当创造一种怎样的教学文化。传统的课堂教学模式是一种记忆型教学文化。[1] 在这种文化中，教师的作用是向学生传递信息，学生的作用是接受、储存信息，并且按照这些信息行动，教师教的活动掩盖了学生学的活动。教学中教师是统治者、操纵者，学生是被统治者、被操纵者。潼港小学在教学改革中力图打破这种单一、僵化、封闭的文化模式，营建一种全新的、多元的教学文化模式。

教学对话需要营造一种公共话语空间和人文情境，形成有序的、民主的、和谐的共同言说和互相倾听的局面。对话是一种教学活动方式，

---

[1] 钟启泉.现代课程论[M].上海：上海教育出版社，2003：519.

是一种课程建构方式，更是弥漫、充盈于人的生活之中的一种教育情境和精神氛围。保罗·弗莱雷（Paulo Freire）认为："没有了对话，就没有了交流。没有了交流，也就没有真正的教育。"①

潼港小学反对灌输式教育，弱化教材权威性和教师的中心地位，追求一种主体间的平等互换的对话语境，期待着师生真正达到面对面、心与心的交流，允许他们都以带有个性的整体的人介入交流和对话，允许他们有自己的感触和领悟。如在线上教学期间，为提升学生线上课程的学习效率与阅读能力，教师在每天上课之前，都会抽取一两名学生展示批注，引导学生进行互评或者小组交流。这样的形式受到师生们的一致好评。

（二）鼓励合作文化

新课程赋予教师参与课程开发、课程管理的权利，促使教师成为课程开发的主体。获得专业自主的教师之间可以逐渐创生伙伴式的团队文化，形成教学的学习共同体，收获共同的专业成长，教师个体也能逐步改进自己的教学，形成自己的教学风格。

哈葛利斯指出合作型教学文化的特点：精神支持、增进效率、改善效能、降低负荷、同步进行、建立安全感、增强反思能力、提高组织反应能力、提供学习机会、不断改进。②

新课程的突出特征就是强调课程统整、合作教学、行动研究等，这要求教师要打破积习已久的教学习惯，冲破既有的种种"课程惰性"，自主寻求多样化的教学方式，使教学内容与教学过程由预设和封闭走向生成和开放。

---

① 保罗·弗莱雷. 被压迫者的教育学［M］. 上海：华东师范大学出版社，2001：41.
② Hargrcaves A. Changing Teachers, Changing Times: Teachers Work and Cultures in the Postmodern Age. London: Cassell, 1993: 66-68.

课程计划应当被看作为学习打开了种种可能性，而不是对预期结果的管理。潼港小学结合教师教学实践的内容、方法、活动、过程与目标等，力图让教师超越现有的限制，形成新颖的、与众不同的教学方式方法与手段，创造性地实施教学过程与解决教学问题，创造性地完成教学任务，达到更高水平的教学效果与目标。

比如，拓展课程"小小钟表设计师"中，教师通过开展"钟面个性设计"活动，既复习巩固了新学的"钟面的认识"，使学生进一步掌握"整时、几时半"等知识点，又让学生在活动中感受数学的魅力，享受数学学习的乐趣，让学生拥有一颗用数学思维认识世界的头脑，从而去发现、去创造。通过自主活动，让学生从分组、材料收集准备到合作设计，亲自动手制作个性化的钟表。

（三）倡导探究文化

潼港小学倡导探究文化，强调应在不同层面进行课程创新。首先，教学是探究。教师作为课程实践主体，必然要为改进自己的实践而成为研究者，必须注重教学过程中的实际问题，并加以反思、评价，改变对问题的错误认识，提高教学水平。其次，学习是探究。以探究学习为基础重构课程体系是新课程改革的一个突出特点。探究学习是学生从问题或任务出发，通过形式多样的探究活动，以获得知识和技能、发展能力、培养情感体验为目的的学习方式。

通过此类探究活动，增加了师生之间的互动与交流。师生关系是一种权力关系，教师、学生都是权力的端点。[1]在传统的教学过程中，教师往往担任的是课程的执行者，进行知识的讲解，而课程的开发和设计

---

[1] 冯菲，于青青.基于慕课的翻转课堂教学模式研究[J].中国大学教学，2019（6）：44-51.

主要是由专家来进行的，教师并没有参与这一过程。进入教育信息化2.0时代，教师的角色发生很大转变，由原本的课程执行者，逐渐向课程研发者转变。如此对于教师的要求也更高一些，需要他们学习相应课程开发软件，能够通过熟练的操作来将教学资源进行良好整合，设计出符合学生发展和学习需要的个性化课程。在对教学课程进行研发的过程中，教师还应该充分考虑到学校的发展特色以及当地的文化特征。信息化时代，由于"教育权威"的师生关系受到冲击，独立平等的师生关系得到提升，个体对教育的需求也发生改变。作为师者，要以育人为宗旨，以道德为联结，以情感为纽带，积极建构共生共长的师生关系，推进成人成才的素质教育。

新课程背景下的教学倡导对话、合作与探究，力图超越传统的记忆型教学文化，创建新型的教学模式所需的思维文化。这种思维文化的要素包括：思维语言——具体的术语和概念，提供交流的手段，鼓励高层次的思维；思维倾向——思维方式，鼓励高层次思维的敏感性、能力和意向；思维控制——学生反思的方式和控制自己思维过程的方式；策略精神——鼓励学生建构和运用思维策略的态度；高层次知识——超越事实信息，关注知识是如何创造的，问题是如何解决的，证据是如何收集的；转换——在从一种情境转向另一种情境的过程中关注知识与策略的联系，更广泛地灵活运用知识和策略。[1]这种思维文化不是要求学生被动地接受知识，而是鼓励学生大胆质疑，勇于提出问题、证明假设、寻求合理性；不是要求教师机械地讲授书本知识，而是鼓励教师进行创造性教学。

---

[1] 张增田，靳玉乐.论新课程背景下的对话教学[J].西南师范大学学报（人文社会科学版），2004（5）：77-80.

例如，对于"立体模型制作"这门课，一位潼港小学的老师这样描述：考虑到二年级的学生对于立体图形的空间想象能力不足，而长方体和正方体等都是基本的几何形体，也是日常生活中经常遇到的几何形体，教师认为学习立体图形的知识可以扩大学生认识形体的范围，增加形体的知识，促进空间观念的进一步发展，拓展学生的空间思维能力。因此，本次自主探究活动就是通过孩子们分组制作属于自己的立体模型来达到对立体图形的进一步了解。

第三节　自主高效教学的主要成效和基本经验

在自主发展理念的引领下，潼港小学立足于学生的全面发展、自主发展，在课堂教学环节中贯彻以人为本的理念，通过多种途径促使学生综合素质的显著提升。

一、自主高效教学的主要成效

（一）关注学生发展，体现以人为本

教育应以"育人"为崇高目的，理当以人为本，关注个体幸福。[1]教育需要把学生的自由发展与幸福作为现实关怀和终极关切的着眼点，客观上要求教育过程本身成为一种幸福体验的过程。自主发展是个体成长的应然状态，是和实际生活紧密相连的，是指向生活、扎根生活的。[2]说到底，自由自主就是过一种正当而完满的生活，不仅仅需要一定的生

---

[1] 陆颖姝.自主活动　自我成长——责任教育理念下小学生自主活动的实践探索［M］.上海：上海科学普及出版社，2012：13.

[2] 方红，王帅.论关涉个体幸福的教育重构［J］.教育学术月刊，2008（1）：32.

活技能技巧，而且需要人的基本知识、高尚情操、健全人格、善的品质、道德实践能力等相关素养，而这些素养只有通过全面发展的教育才能得以养成和提升。

潼港小学关注学生，大力倡导以人为本的教育。在日常课堂教学中，突出了学生的主体地位，提高学生的学习能力，新的教学理念呼唤教学要彻底改变学生的学习方式，让学生参与知识形成和发展的过程，使学生获得学习技能，提高学习能力。在教学中，教师和学生要以平等、尊重、相互配合的融洽关系相处，鼓励学生积极参与课前准备活动、课堂教学活动、课后延伸教育活动。潼港小学的这种方式使每个人潜在的才干和能力得到充分发掘与发展，这既符合教育根本上的人道主义使命，又符合应成为任何教育政策指导原则的公正的需要，既尊重人文环境和自然环境，又尊重传统和文化多样性。

（二）重视综合素质，实现自主发展

在倡导自主自学教育理念引导下，潼港小学的教学改革从教师、学生和课程资源三种基本要素出发，切实转变教师的教学行为和学生的学习方式，合理开发和利用课程资源，创造新型的教学文化。

教学，尤其是课堂教学是素质教育的主渠道；教学改革，尤其是课堂教学改革是实施素质教育的突破口。只有把全面提高全体学生的基本素质落实到教学的各个环节、各个方面，素质教育才真正落到了实处。因此，深化教学改革，是当前大力推行素质教育必须认真研究和解决的重要课题。

潼港小学近些年来积极落实素质教育，围绕帮助学生培养兴趣、发展特长、开拓视野、增强实践，开展了丰富多彩的社团课程，实现设计上的科学合理，资源上的优势互补，形式上的灵活多样；"五育"融合，持续增强科技、体育、艺术、劳动教育等的育人成效，注重学生兴趣培养，不断提高学生的综合素养，促进学生全面发展，助力学生走向自主发展。

目前，潼港小学对于课堂教学活动的研究，不仅涉及教育教学、心理学、社会学相关理论，还引进了信息论、系统论、控制论和最优化理论相关知识，拓展了思路，以崭新的视角来审视教学活动，形成了现代教学观。在这种教学观指导下，教学活动不仅是特殊的认识活动，也是实践活动，是认识活动和实践活动的辩证的统一。

二、自主高效教学的基本经验

（一）建设合理的教学制度，保障教学自主高效

教学制度应当反映教学的客观规律，具有教育和管理的功能。它是学校为了贯彻执行教育计划，稳定教学秩序，把教学活动引向正轨，而要求教师、学生和管理人员必须共同遵守的准则。因此，教学制度具有一定的约束力和强制性。制定教学制度是一项深入细致的教务管理工作，在制定之前，要深入调查研究，了解教学过程的特点和规律，从实际出发，建立反映客观规律的、切实可行的教学规章制度。

为全面贯彻落实"双减"政策文件精神，进一步推进潼港小学在教学上的创新发展，更好地实现减负增效，促进学生身心健康发展。潼港小学教导处组织教研组长、备课组长召开了落实"五项管理"，贯彻"双减"政策的会议，研究探讨合理的教学制度安排，保障教学自主高效。要求全体教师关注学生课堂反馈，关注作业质量，从"布置作业"走向"设计作业"，提高作业效率。要求教师扎根课堂教学主阵地，全面夯实学校的教育教学管理，促进学生自主发展和全面发展，提升教育教学质

量，全心全意办好人民更加满意的教育。

（二）利用数字化资源平台，真正实现自主学习

数字化教学使得任何人都可以按照自己的意愿选择受教育或学习的方式、内容和渠道，为每一位学习者提供成功的机会。多媒体和网络技术的出现为优质学习提供了极为理想的学习工具，多媒体技术使信息呈现方式多样化、直观化，将物质变化的现象模拟生动形象，让学生一目了然，记忆深刻，理解透彻。虚拟现实技术更将学生带入"逼真"的情景中，并提供了发现式、交互式的学习环境，激发了学生的学习积极性，使其个性潜能得到充分发展。

潼港小学的数字化教育不仅仅是实现课程内容的整合，更重要的是课程内容形式的多样化，以文本、图片、视频、动画等方式组织课程内容，更容易吸引学生的注意力，将比较抽象的内容具体化，更便于学生的理解。老师们考虑到小学生的学习特点，将课程内容设计成浅显易懂的小故事和益智的趣味小游戏等形式，贴近学生的认知特点和学习特点，吸引学生的注意力，丰富学生的学习感受。

随着数字化教学的不断落实，潼港小学教学目标变化的总趋势是教材难度的增加，重视基础理论，强调知识内在联系，更加注重与实际问题相结合，重视对学生能力的培养，包括批判性思维能力、创造能力、解决实际问题能力、与他人合作能力和对于信息的处理能力等。教学内容将不再以所谓的"学科科学体系"为唯一标准来划分学科，而将开设集自然科学、社会科学、数学和哲学等多门科学于一体的综合类学科，如将课程内容根据社会中的一些实际问题划分为一项项的主题，围绕主题进行探究，进行发现问题、收集数据、分析归纳、评价、解决问题等教学活动。

数字化教学打破了地域的限制，借助技术推动学校走出去，扩大影响力。潼港小学在各级政府的推动下进行数字教育资源建设和应用的跨地区战略性协作，探索数字教育资源的区域性共建、共享、共赢机制，在推动长三角教育的联动发展中做出了贡献。学校教育信息化工作是一项长期而艰巨的任务，要实现教育现代化，需要持续推进学校教育信息化，寻找学校新的增长点，坚持以课堂教学为主阵地，以校本研修为载体，以高效课堂作为研究的方向，让学生学习更快乐，让课堂更有效。学校从素质教育的高度，从优质教育的深度，从自主发展的维度，推进学校信息化渐进发展。

（三）发挥家庭教育的作用，助力学生走向自主

我们每个人在家庭中都扮演不同的角色，其中父母更多的是一个家庭的领导者和主角，父母的教育工作对孩子的健康发展可以说是至关重要的。孩子从小接触到的第一个环境便是家庭，它对孩子思想和道德的形成具有非常重要的意义。民主、科学、理智、健康、良好的家庭教育方式，能够为孩子们提供一个良好的家庭学习环境，有助于孩子良好学习习惯的养成。

孩子在良好的家庭环境中成长，内心会充满阳光，遇到困难不言退缩，遇到失败不言放弃，收获成功不骄傲自大。相反，处于家庭教育缺失或消极家庭教育环境中的孩子，内心会极其脆弱、敏感、多疑等。所以说，良好的家庭教育对小学生的身心健康具有重要的影响。

近年来，潼港小学以"家校联动，共担责任，助力学生自主发展"为指导思想，发挥家庭与学校携手育人的强大合力，促进学生自主发展。具体情况如下：

（1）建立网络，指导家庭教育。建立"学校-年级-班级"三级家长委员会网络,家长委员会程序规范、架构合理、权责相当。家长委员会成员能主动通过微信、QQ班级群、讲座等多种途径为家长提供形式多样的家庭教育指导服务,面向家长定期宣传科学的家庭教育理念、知识和方法。

(2)开展丰富多样的家校活动。第一,举办家长课程讲座。针对不同年段家长的需求、热点和难点问题定期开展专题培训或讲座。第二,举办家长开放日活动。每学期精心策划组织校园开放日、接待日、家长会等,让家长走进学校,了解学校,增进亲子沟通和交流。第三,发挥家委会职能,鼓励有一技之长的家长进学校进行拓展型课程的授课,并特聘了十位家长为学校校外辅导员。第四,开展家庭教育经验交流、优秀家长评选活动。坚持每学年评选优秀家长学员,并充分发挥其榜样作用。第五,认真落实家访制度,以家长访校、教师电访或教师登门拜访的形式开展。

(3)开展研究,强化家庭责任。进行"家庭责任教育的有效尝试与研究"课题研究,探索责任教育理念下家校共育的有效途径,引导广大家长主动承担责任,配合学校教育。第一,每学年开展家庭教育指导需求专题调研,如"'建学习型家庭,与孩子同成长'一年级小学生家庭教育调研"等。第二,在学校班主任会议、教师培训中进行专题研讨,引领学校家庭教育工作的开展。

(4)编写课程,丰富教学资源。学校根据《上海市0—18岁家庭教育指导内容大纲(试行)》编写了潼港小学家庭教育指导校本教材《你我责任》。每个年级三个主题,通过教师们的材料解读,帮助家长明确方向,更好地开展家庭教育,培养学生自主能力。

(5)注重特色,提升区域影响。第一,以校长为首的学校领导、德育室全体成员、年级组长、班主任、科任教师、优秀家长等一起组建了本校的家庭教育团队，为学校开展家庭责任教育指导提供人才支撑。第二，学校发挥"家长学校"的作用，引导和帮助家长肩负起责任，学习正确的教育观、教养态度、教育方法，促进孩子身心健康发展。第三，充分运用优秀家长的优质资源，邀请优秀家长在家长会、校园网、微信公众号、班级QQ群等平台上介绍家庭教育经验。第四，学校每年开展"家校联动，共担责任，助力学生自主发展"优秀案例征集，将具有创新性、可推广性、可复制性的有效做法和典型经验介绍给家长。

在各位家长与老师的共同努力下，潼港小学的家校沟通渠道更加顺畅，家校活动更加丰富多彩，学校和家庭携手共同关爱孩子，一起促进学生走向自主、自立。

第五章
围绕引路育人，造就自觉主动型教师

《上海市中长期教育改革和发展规划纲要（2010—2020年）》提出："教师是学生的引路人，育人是教师的天职，造就高素质的教师队伍对于引导学生健康成长十分关键。要注重每个教师的发展，建设一支德才兼备、富有创新精神和实践能力的教师队伍，努力造就一批教育家。"[①] 教师队伍建设的关键在于促进教师的专业发展，提高教师各方面素质。在这一背景下，潼港小学审时度势，提出培养自觉主动型教师的概念。与传统的强调知识传授和教学技能的教师不同，自觉主动型教师在志趣、能力上高度活跃，能充分适应社会与教育的急剧变革，有自信，会反思，能与人沟通、合作，有责任心。更重要的是，自觉主动型教师具有坚韧不拔、不断超越自我的品质。

---

① 《上海市中长期教育改革和发展规划纲要（2010—2020）》起草课题组. 理想抉择战略——《上海市中长期教育改革和发展规划纲要（2010—2020年）》的诞生［M］. 上海：上海教育出版社，2012：504.

第一节　自觉主动型教师的基本特征和培养目标

在新课程改革中，学生的主体地位得到了充分的体现，教师不再是教学活动的单纯组织者和领导者，而是教学活动的组织者、引导者、合作者、参与者。基于这一理念，潼港小学坚持以自觉主动型教师为核心的教师培育，使得广大教师真正成为"教"的主体，形成了"我要学、我要教、我会学"的学习状态和以学生为中心的教学形态。

何为自觉主动型教师？叶澜教授将教师自主发展界定为："教师应能够独立于外在压力，订立适合自己的专业发展目标、计划，选择自己需要的学习内容，而且有意愿和能力将所订目标和计划付诸实施。在此过程中教师表现出一种较为强烈的自主意识。"[1] 学者申继亮认为："教师自主发展是相对于教师的被动的、消极的、规定性的发展而言，它强调教师发展过程中表现出的主动性、自觉性和独立性。"[2]

综合以上观点以及潼港小学的教育实践，我认为自觉主动型教师是指能够充分发挥主观能动性，积极开发自身潜能，建构性地确定职业发展目标，选择职业发展内容、途径和策略，通过自我监控、评价和反思等方式，主动地调节和引导自己的教育教学方面的动机、认知和行为方式，从而获得发展的教师。

一、自觉主动型教师的基本特征

（一）自我反思

反思是教师成长的催化剂，只有善于反思的教师，才能不断完善自

---

[1] 叶澜等.教师角色与教师发展新探[M].北京：教育科学出版社，2001：273.
[2] 申继亮，姚计海.心理学视野中的教师专业化发展[J].北京师范大学学报（社会科学版），2004（1）：35.

我，才能成为学生成长的导师。

反思自己的教育教学行为，就是要时刻关注教育教学中出现的问题和不足，及时进行自我调整和修正；反思自己的教育教学行为，就是要坚持实事求是、客观公正地评价自己，坚持发扬优点、改正缺点、扬长避短；反思自己的教育教学行为，就是要不断提高自己的教育教学水平，在工作中不断创新、锐意进取。

"学而不思则罔，思而不学则殆。"教师只有善于反思自己的教育教学行为，才能在工作中不断进步、不断完善自我、不断提升自己，成为一名自觉主动型教师。

（二）自主学习

自觉主动型教师的自主学习，是自主地进行广泛的学习。他们从自己感兴趣的专业领域入手，广泛涉猎教育理论、心理学、教育学、文学、艺术等诸多方面，在学习中不断汲取精神养分和知识营养，多视角、多方位地审视自己的教育教学实践。他们具有一种强烈的求知欲望和持久的学习热情，对自己所从事的工作充满热情和活力。他们是终身学习型教师，不满足于已有的知识和经验，不断地对新知识进行发现、接受和应用。

自觉主动型教师注重自主学习，但并不是完全依靠自己完成学习，他们会充分利用一切可以利用的时间和条件进行学习。

二、自觉主动型教师的培养目标

（一）树立新时代教学理念

教学的主体是学生，教育的根本目的是促进学生的发展。传统教学观强调，知识是由教师传授给学生，学生被动地接受。而现代教学观则认为，教学是以学生为主体的主动的、创造性的活动，师生之间通过交往互动，共同完成教学过程。教师在教学过程中，应当及时转变传统的教学观念，以学生为主体，充分调动学生学习的积极性。

在现代教学观念指导下，教师不再以传授知识为己任，而是把更多精力放在引导学生主动建构知识上。教师不能只着眼于知识点的掌握和理解，还要引导学生从已有的知识经验中去寻找和发现新旧知识点之间的内在联系，通过主动探索、主动发现、主动建构等过程建构起新的知识。

这就要求教师在教学中要更多地关注学生已有的经验和生活实际，用自己对周围世界的认识和体验来引导学生发现问题、提出问题、分析问题和解决问题；注重发挥学生的学习主体作用，促使其主动学习、积极思考、动手实践。

在这种主动探索与学习过程中，教师可以帮助学生形成合作精神，锻炼实践能力，这将对他们今后的发展产生深远影响。

（二）《"双减"意见》下提升教师的专业素养

2021年7月24日，中共中央办公厅、国务院办公厅印发《关于进一步减轻义务教育阶段学生作业负担和校外培训负担的意见》（以下简称《"双减"意见》），旨在减轻学生过重的作业负担和校外培训负担。[①]《"双减"意见》的核心在于全面贯彻党的教育方针，落实立德树人根本任务，回归育人的规律与初心；坚持教育公益属性，推进教育公平，建立高质量教育体系；全面修复教育生态，保障每位中小学生的健康成长。可以

[①] 中共中央办公厅、国务院办公厅印发《关于进一步减轻义务教育阶段学生作业负担和校外培训负担的意见》[EB/OL].（2021-07-24）[2021-11-23].http://www.gov.cn/zhengce/2021-07-24/content_5627132.htm.

说，《"双减"意见》是新时代基础教育改革发展的重大战略布局，是党中央站在实现中华民族伟大复兴的战略高度做出的重要决策部署。

《"双减"意见》的落地，对学校、教师都提出了新的更高要求。学校可以充分利用《"双减"意见》带来的机遇，为学生提供德智体美劳"五育并举"的课程体系，健全教学管理规程，优化教学方式，强化教学管理，提升学生在校学习效率。而推动《"双减"意见》落实落细，要求教师与时俱进、守正创新，改变传统教学思维，向课堂要效率、要效益，把握课堂教学规律，探索灵活多样的教学方式，把握作业布置的科学性、合理性、智慧性、艺术性，实现作业布置、批改、辅导的调结构、提质量，真正成为大先生，成为为学、为事、为人的示范，成为学生健康成长的指导者和引路人。此外，《"双减"意见》要求"大力提升教育教学质量，确保学生在校内学足学好"；要求"全面压减作业总量和时长，减轻学生过重作业负担"，并对作业的数量、设计质量以及反馈指导做出了具体规定；要求"提升学校课后服务水平，满足学生多样化需求"等。这些改革目标，对教师提出了新要求，尤其是对教师深入推进课堂改革、深化高质量作业设计改革、基于大数据的教学评价素养以及家庭教育指导能力等各项专业素养提出了新要求。

1. 教师的高效课堂教学素养

《"双减"意见》强调要发挥学校教育的主阵地作用，要求学校在减负的同时关注如何增强校内教育教学的质量，实现高质量教学。校内教育的主阵地是课堂教学，因此，教师如何开展指向高质量育人的高效课堂教学是落实《"双减"意见》的关键。

高效的课堂教学最终在于促进学生的高效学习，涉及学生为什么学（学习动力）、学什么（学习内容）、如何学（学习方式）的基本问题。结合《"双减"意见》要求与已有高效教学的研究，教师需要具备的教学素养有四条。一是能创设尊重、信任、安全的课堂学习氛围，激发学生学习的内在动力。创造相互尊重、信任、心理安全的轻松学习环境，有助于鼓励学生自信，形成良好的师生与生生的互动学习氛围。①二是能为学生设计有趣的、有意义的、具有挑战性的学习活动和任务。这样的学习活动和任务可以为学生提供更多深度思考与探索的机会，从而提高学生的核心素养。三是能营造探究、交流、开放的课堂对话氛围。互动交流的课堂有助于学生解释、论证、澄清自己的思考，并倾听他人的想法，回应来自同伴与教师的质疑，从而引发学生的深入思考。四是能关注学生的个性化与差异化需求。这意味着，即使面对相同的学习材料，教师也需要根据不同的学生特点进行差异化教学，以满足学生多样化的学习需求与发展。

2. 教师的高质量作业设计素养

《"双减"意见》除了对学校的教育教学质量提出更高要求之外，还要求"全面压减作业总量和时长，减轻学生过重作业负担"。2021年，教育部办公厅发布《关于加强义务教育学校作业管理的通知》，提出："学校要根据学段、学科特点及学生实际需要和完成能力，合理布置书面作业、科学探究、体育锻炼、艺术欣赏、社会与劳动实践等不同类型作业。"②作业应是与课堂联动的、对促进学生德智体美劳全面发展拥有其独特意义与价值的学习活动。

---

① CORNELIUS-WHITE J.Learner-centered teacher-student relationships are effective：A meta-analysis［J］.Review of Educational Research，2007，77（1）：113-143.

② 教育部办公厅《关于加强义务教育学校作业管理的通知》[EB/OL]．[2021-4-12]．http://www.moe.gov.cn/srcsite/A06/s3321/202104/t20210425_528077.html.

将作业作为学生的一种学习活动，其实质在于要求教师从强调作业的工具性功能转向强调作业的发展性功能，亦体现了教育教学从知识本位到素养本位的转变。这同时要求教师通过作业实现从致力于巩固深化课堂学习内容到发展学生思维和素养的转向。潼港小学积极贯彻落实《浦东新区教育局关于加强义务教育学校作业管理相关措施的通知》，在2021年6月制订关于加强学校作业管理的实施方案，要求教师遵循全面发展、依据课标、多元设计、增效减负的基本原则，合理布置作业。

3. 教师的数字信息素养

教育正进入人机协同教学的新时代，信息技术正在全面赋能课程资源供给、课堂教学改革、作业改革与评价改革。在《"双减"意见》的背景下，如何更好地运用网络资源促进学生学习是教师面临的挑战。

教师的数字信息素养由数字认知胜任力、数字功能胜任力和数字社会胜任力三方面组成。其中，教师的数字认知胜任力是指教师在具备相应知识的基础上关注学生发展的综合能力，由"整合技术的学科教学知识""关于学生的知识""技术伦理知识"三方面来体现；教师的数字功能胜任力是指教师在教学实践方面的数字胜任力，体现在熟练使用数字资源、适应性教学以及赋能学习者三方面；教师的数字社会胜任力体现在他们与学生、同事、学生家长等之间的专业互动，他们的个人专业发展以及持续创新能力等。[1]

4. 教师的全方位家校社协同育人素养

《"双减"意见》要求"提升学校课后服务水平，满足学生多样化需

---

[1] 孙晓红，李琼."学习者中心"的教师数字胜任力框架国际经验[J].比较教育学报，2022（1）：28-40.

求"，指出"学校要充分利用资源优势，有效实施各种课后育人活动，在校内满足学生多样化学习需求"。① 这就迫切呼唤教师为每个学生提供适切的教育，对教师的全方位家校社协同育人素养提出了更高要求。在进行课后的综合素质拓展类活动课程设计时，要求学校整合正式课程与非正式课程以及不同学科的多样化课程活动，如体育、艺术、科学、劳动、阅读、兴趣小组以及各类社团活动等，联通学校与社会资源，为学生提供结构完整的课后课程。

此外，《"双减"意见》背景下教师的全方位家校社协同育人素养还包括教师的家庭教育指导能力。学生的课后服务管理不仅仅包括学生下课后在学校学习的部分，还包含学生回家后的学习和活动，因而课后服务效果与家长的家庭教育也密切相关。因此，教师也有责任对家庭教育进行指导。这包括定期与家长进行教育思想与方式等方面的沟通，通过家长会、家访等不同渠道向家长解读《"双减"意见》的内涵以及家庭教育的方式和意义。教师还可以通过追踪家庭教育的实施和进展情况，评估课后服务的效果，并针对具体问题与家长进行及时沟通。

第二节 自觉主动型教师培养的主要举措

近年来，伴随我国教师教育振兴发展战略推进，《"双减"意见》的落地，教师"培养什么人及如何培养"的问题，被赋予了更具新时代特征的素养目标。在全面实施素质教育，追求教育优质化的过程中，要始

---

① 中共中央办公厅、国务院办公厅印发《关于进一步减轻义务教育阶段学生作业负担和校外培训负担的意见》[EB/OL].（2021-07-24）[2021-11-23].http://www.gov.cn/zhengce/2021-07/24/content_5627132.htm.

终抓住学校教师队伍建设这个牛鼻子。区别于传统的将知识传承作为使命的教师，潼港小学倡导的自觉主动型教师要求教师以教会学习、学会学习为主旨，不再执着于各种确定的知识，而是把激发受教育者的学习愿望、兴趣和动力放在首位，为建构性的学习服务。对于教师而言，不仅要会传授知识，还要掌握与学生沟通和在复杂情境中灵活处理教育问题的能力。

一、梯队建设：分层培养，层层进阶

学校在推进教师专业发展上，尊重教师间的差异，把握教师各自的特点和需求，并按教学年限与年龄，实施分层培养、按需培训，让不同层级教师踩着适宜的台阶向上攀登。

（一）夯实基础，抓实见习期教师规范培训

近年来，潼港小学新教师不断涌入。2021年、2022年、2023年见习教师人数分别为9人、10人、8人。为了适应学校发展需要，加强见习教师的培养，缩短见习教师的成长过程，构建一支有利于学校可持续发展的师资队伍，学校制订了《潼港小学见习教师培训方案》，结合校本培训，积极努力完成聘任学校对见习教师规范化培训的各项工作。从成立学校领导小组、遴选校内带教导师、签订带教协议，到指导各类教育教学活动，召开座谈会、总结会等，各项工作都能按计划有序实施。同时学校关心见习教师，兼顾他们的个性化发展，充分提高他们参与培训的积极性和主观能动性。学校将带教活动紧密融合在各项日常活动中，倡导"把握机会，拥有自信"的精神，组织了师德征文、师德演讲、教学基本功钢笔字比赛、课堂教学展示等活动，通过活动带动见习教师成长。在浦东新区2016学年、2017学年见习教师规范化培训工作中，潼

一切为了学生自主发展：小学教育的探索与创新

港小学连续两年被评为"优秀聘任学校"。

（二）多方下力，搭建发展期教师成长阶梯

发展期教师的年龄基本在 35 岁以下，这样的一支青年教师队伍也是学校的生力军，他们的成长对学校未来发展有着不可估量的作用。目前学校 35 岁以下的青年教师占教师总数的 37%，分布在语、数、英、音、体、美等学科。学校根据每位青年教师的特点及岗位需要，挖掘本校教师队伍中的优势资源，在相同年级组为他们挑选师傅，帮助他们在日常教学、班级管理等工作中学会解决问题，把握方向。

学校创设了众多平台，多方下力给发展期教师加压磨炼。2018 年，组织青年教师开展了"初心与使命、责任与担当"青年教师演讲比赛；"承载希望、肩负重任、放飞梦想"青年教师教案设计、说课、中队主题会系列比赛活动；"不忘初心、牢记使命"青年教师读书活动；与党员老师结对活动；与骨干教师结对活动等。鼓励发展期教师积极参加各项学习培训活动，尤其是浦东新区的教研活动，教研联合体的教学研究等活动，教师回来后及时汇报交流，继续体会并反思改进。在校内尽量多地组织研究课、汇报课，在分配教学任务、承担科研课题、安排参加教学活动和社会活动方面，适当向有潜力的发展期教师倾斜，使其在专业上加速发展。

通过精心培育，潼港小学先后多名教师在各级各类比赛中获奖。例如，殷妍等在第二年教龄教师"跟踪考评"教学设计比赛中获一、三等奖；王星等在第三年教龄教师"新苗杯"教学比赛中获一、二、三等奖；陈妮妮老师荣获"区教学新秀称号"，并获得浦东新区 2018 青年教师基本功比赛一等奖。同时，他们带领学生参加科技、艺术、体育方面的市区级各类活动也屡获荣誉。

（三）凝心聚力，保持成熟期教师稳定发展

相对于发展期的教师而言，成熟期的老师在经过长期的工作实践后，对于日常教育教学工作显得胸有成竹，并能自主地解决工作中遇到的问题，部分教师还形成了一定的教学风格，这个阶段的教师能顺利地完成各自的教育教学任务，但并不一定都能成长为业务骨干。部分教师因为年龄关系、职业倦怠或者其他因素，专业发展进入了瓶颈期。

对于成熟期教师，学校在精神上感召他们，发挥他们在年级组、办公室的作用，让其在学校各类主题活动中担任组织者，如让他们组织开展关于家长开放日活动的方案讨论、组织学生春秋游活动的策划、协调家校联系中的问题、做带教师傅带教见习老师等，让他们在学校各项教育教学活动中体现自身价值，唤醒他们的职业激情和动力。在学校的各类重大事情的公开商讨中，多听取他们的意见与建议，部分采用他们合理化的建议，尊重他们的智慧，如学校2018年改造的几个场馆命名，就采用了几位成熟期教师的方案；学校还给予成熟期教师展示风采的合适机会，尤其是在他们日常工作中有优秀表现时，一定大力宣传与表扬。2018年底的学校总结大会，我们就邀请了三位年度考核优秀的成熟期教师介绍自身教育工作经验与体会，有效提升了他们的自信与成就感。与此同时，外出培训机会、评优评先、职级晋升等，向此类教师适度倾斜。从思想上、业务上双管齐下，确保这支队伍的稳定发展。

（四）依托中坚，发挥骨干教师引领作用

骨干教师是学校中坚力量，加强骨干教师队伍的建设是学校内涵发展的战略需要。我们充分意识到目前潼港小学区级骨干教师比例偏低的问题。近年来，潼港小学将骨干教师的培养工作列为师资队伍建设的重要内容之一，期望经过几年的努力，发展一支"师德上是楷模，教学上

会引领，科研上能领先"的骨干教师队伍。骨干教师称号不仅是种荣誉，更是一种责任。学校制定了《骨干教师评选、培养与管理办法》，明确规定了骨干教师在师德修养、指导教师、公开教学、教育科研、课外辅导、信息技术、教学质量方面的职责及任务。通过结对引领、名师带教激励、输送外培提升、校内辐射等途径，使骨干教师的教育教学技巧更娴熟，成为具有个人专业风格的教师。2018年，学校晋升高级职称与中级职称分别晋升2位。学校继续加大培养骨干教师队伍的力度，1名教师参加了浦东新区教育党工委2018年（总第23期）青年干部培训班学习，3名教师参加了基地工作坊，1名教师参加区骨干后备班培训，还有5名教师将参加新一轮高级职称的评审。

学校通过"骨干引课""骨干带教"，充分发挥骨干教师在教师群体专业化发展中的示范引领作用。"骨干引课"不仅是骨干教师的个人风采展示，同时也是引领本学科教师专业成长的有效途径。学校组织老师听课、评课，通过骨干教师的展示课使他们学有榜样、赶有目标。骨干教师还在新区范围内上展示课、开设专题讲座，提升影响力。"骨干带教"，是"逼迫"骨干教师进步的有效方法。学校依托一批骨干教师的力量，实施师徒结对，由他们担任见习教师的导师，促进青年教师尽快成长，也迫使骨干教师在青年教师的追赶下不断前进。因此带教工作是双向的，也一定是双赢的。师徒双方在推进高效课堂工作中形成方阵，整体快速前进，整个教师队伍呈良性发展互动前行趋势。

2019年学校重新修订了校级骨干教师评审方案，并建立每学期考核、每年考评，两年一次评审的机制，让在专业发展上不断进步并有一定潜质的教师加入校级骨干的梯队，形成合理的良性循环体系，确保有一定比例优秀师资往高位发展，层层进阶，引领学校发展。

二、自主学习：构建教师学习共同体

在培养自觉主动型教师的过程中，潼港小学以学校责任教育为切入口，以构建学校教师学习共同体为载体，营造自主、和谐、开放、合作、进取的学校文化。学校激励教师在学校教育教学的实践中，在相互学习、合作研究，在相互分享工作经验与智慧的过程中获得成长。

基于对教师专业成长的思考，我们认识到，学校对教师发展负有责任，应该对教师专业成长提供帮助。教师成长的最好方式是在实践中学习、研究、总结、提高；学校组织发展的最好方式同样是学习，提升组织学习能力，通过学习解决学校组织发展问题。因此，潼港小学倡导组织学习，努力构建学习共同体。学习共同体是以教师专业发展为目标，围绕教育教学的实践困难与问题，基于共同的理念与目标，一起承担责任、相互支持、分享经验与智慧的教师合作学习组织。这个组织以教师积极主动参与为前提，分享合作为核心，共同愿景为纽带。

（一）构建教师专业发展学习共同体

潼港小学管理团队高度重视教师学习共同体的建设，建立了专职管理组织机构——学校教师发展中心，由具有丰富的教学经验的教师负责，强化对教师专业发展、学校教师学习共同体的组织与管理，提供相关资源支持。为做好对教师专业发展的科学管理，学校着力制定与完善相关管理制度，明确目标责任，完善监控和评价体系，努力使教师专业发展管理有章可循，规范管理。依据学校教师专业发展的需求和学校教师学习共同体建设的要求，学校从规范办学方面的制度、教师个人成长方面的制度、校本研修方面的制度、课程开发方面的制度、教师考核方面的制度入手，完善相关制度体系。

潼港小学还通过培训等活动强化教师对学习共同体的学术认知。一是组织教师保质、保量地参加上级部门的统一培训；二是校内继续加强学校师资自培工作，主要围绕学习共同体的本质特征、基本功能、构成特点、常见问题和对策；三是教师基本功、现代教育技术与学科整合、课堂教学改进等方面也展开培训工作，厚植共同体土壤。学校组织教师聆听专家教育教学理论、学术报告、教育教学改革学术讲座，方便教师获取信息、拓展视野、提高素质；组织校内中层干部和骨干教师对教师进行个别指导，有针对性地解决问题，或者通过网络、座谈、对话等形式，进行对话交流或互动研讨。

学校还在教研组学习共同体学习方式改革方面下功夫，积极尝试切合本校教师实际的学习方法，注重同伴协作、加强交流，帮助教师们养成积极合作的态度、彼此信任的诚意和开放的学习心态，从而在协作学习中共同成长。具体地，除了一般的共同学习形式外，还采取了结伴合作、问题研讨和头脑风暴等方式。

教师的职业理想、职业操守，并不能以金钱来衡量，用物质推动教育追求是不能长久的，优秀的教师并不以职位的晋升作为最终的目标。优秀的学校往往拥有科学的选拔机制，能够为教师搭建平台，提供最佳的成长环境，让教师在各个领域体验成功感，学习共同体的开展同样如此。学校的日常管理、活动的策划组织、学科的教研活动、科研的理论研究、课程的开发实施、项目的专项运作等领域都需要专项人才，不同类型的教师可以选择不同的发展方向。根据实际工作需要，潼港小学各种类型的学习共同体有效地开展起来，教师在一个或者多个工作坊中的表现，为学校引导教师个人制定发展规划提供了依据。目前，学校在众多领域进行了有效的尝试，尽可能多为教师，尤其是青年教师提供锻炼自我、超越自我的平台。学校各个科室、各项活动、各个项目、各项研究、各项课程中都有中青年教师的身影，有的甚至担任主要负责人。

（二）优组课程和科研项目的教师工作坊

办好学校的关键是拥有一支师德好业务精的高素质师资队伍。潼港小学组建基于课程开发和科研项目的教师工作坊，促进教师专业发展的实践探索，有效地提升了学校的办学水平，并积累了队伍建设经验。我们认识到，教师工作坊是教师发展很好的载体。它是以专家、学科带头人、骨干教师为引领，以学科为纽带，以先进的教育思想为指导，以问题为导向的教师合作共同体。①

1. 宣传培训，学习优秀案例

为了让教师更好地理解、接受"教师工作坊"这种新的组织形式，学校制定了"两级"宣传措施：

（1）行政班子培训。校长亲自给行政班子培训，谈自己的学习心得，谈成功案例，而且指出进行"教师工作坊"的意义。行政班子成员要达到"H、S、T、W"的四维目标。所谓"H"（Hear），就是既要聆听专家的讲座，又要听取教师们的心声；"S"（Study），就是不断学习，做到"拿来"和"扬弃"相结合；"T"（Teach），就是相互交流教学，激发灵感；"W"（Work），就是梳理知识，理顺逻辑，撰写心得。

（2）教师队伍培训。教师培训做到了"大处着眼，小处落实"，就是将培训分成三部分。第一部分，由校长、专家讲教师工作坊的理论基础、特点优势，提高认识；第二部分，由部门负责人结合工作谈看法，谈计划；第三部分，由教师自己结合学科谈看法。

---

① 陆颖姝.教师工作坊助推学校内涵发展［J］.教师教育，2021：67-68.

2. 制订方案，有序规范实施

为了保证教师工作坊有效、有序地推进，2016年年末，学校在专家的指导下制订了《潼港小学教师工作坊实施方案》。明确工作坊的总体目标、年度目标、组建形式、活动要求和测评要求。例如：方案规定工作坊的负责人须由区级骨干、校级骨干，或名师基地成员担任；各工作坊必须有明确的研究目标，每学期要制订具体活动方案；每学期，学校主管部门依据目标，检查实施情况；对于外聘专家等，须向校长室申报，由校长室审核。

3. 骨干领衔，组建形式多样

（1）工作坊的人员配置。初期，由学校中的区、教育署骨干教师作为工作坊的负责人，人数较少。随着工作坊的开展，一批优秀的教师脱颖而出，潼港小学利用分层培育的方法，打造优秀教师梯队，形成了区、校两级骨干教师队伍，参与市级、区级名师基地的教师也包含其中。

成员可以按照自身学科选择相应工作坊，也可以跨学科、跨领域。比如，在"班主任进阶坊"中，就聚集了语文、英语、数学等不同学科的老师。潼港小学还经常邀请专家、学者，以及其他学校的教师来参加活动。例如，"'高桥之韵'课程研究工作坊"就邀请了高桥镇著名作家刘小春担任指导工作；"笛文化研究坊"聘请了笛子教育家许国屏老师和上海市音乐家协会竹笛专业委员会副会长、著名笛子演奏家王少庆老师。

（2）形式多样的工作坊。潼港小学主要采取"自下而上"的方式来组建工作坊。比如，对于教师在工作实践中遇到的问题，由学校进行调查统计，骨干教师与专家论证问题的研究价值。如果值得研究，那么，推荐负责人认领问题，并制订方案。随后，发出组队邀请，教师们根据学科、兴趣和需要，自愿加入该工作坊。每个工作坊人数不设限，少的通常有 5 到 8 人，多的有几十人。

有的工作坊基于学校的课题研究而组建。如潼港小学区级课题"责任教育理念下的小学生自主活动的实践探索"从 2017 年 9 月着手研究，当年年底成立课题研究工作坊，由校长领衔，学校中层以及各学科组长、中青年教师共同参与，这样基本覆盖了学校所有层面、所有学科和所有人员。在课题研究期间，邀请专家开展专题讲座 12 次，开展课题研究集体培训 4 次，专家个别指导 300 多人次。

有的工作坊基于学校的日常管理需要而组建。学校工作纷繁而复杂，要事事完成已经不易，如果想要事事做好，则更加困难。除了条线分明、责任到位、中层得力之外，组建工作坊就显得极有必要了。例如：学校德育室工作量大，且涉及工作面多。因此潼港小学由德育主任领衔组建"德育工作坊"，经验丰富、擅长管理的班主任自愿加入其中，对于德育工作进行梳理。对于德育工作中的得与失，工作坊及时归纳总结，重点难点进行研究。这样做的好处非常明显，既有利于培养德育管理梯队，又使相关工作责任到人，工作处置及时有序。

有的工作坊基于活动的策划组织需要而组建。潼港小学作为艺术特色学校，各类艺术社团不胜枚举，各类艺术展演活动、比赛非常多。为了应对学校开展的大型展示活动，由组织能力强、艺术特长明显的教师组建工作坊，摸索出了一整套活动策略，让学校组织开展各类文体活动时驾轻就熟。

有的工作坊基于学科教研需要而组建。聚焦于学科问题的工作坊侧重于提高课堂效率，重视课堂教学实践。当遇到同类问题的教师达到一定人数时，这种以教研活动去解决教师实际问题的工作坊就会组建。它的时效并不固定，有的解决问题之后即解散，工作坊就结束使命，有的会在研究的过程中诞生新的问题，于是工作坊持续时间非常长。

有的工作坊基于课程的开发实施需要而组建。潼港小学有管弦乐课程、民族舞课程、朗诵课程、英语话剧课程等，这类课程是潼港小学在对学生进行艺术类特长培训的过程中逐渐提炼，在专家的指导下而开发并实施的。比如，"传统体育探究坊"就由校长亲自带队，由体育教师、班主任、外聘教练参与。体育教师具体落实，由班主任协同管理，由教练精心授课。学校在二年级中试行空手道课程，每周一节，而该"传统体育探究坊"根据校本课程定时授课，课后落实反思，每月进行教学研讨，从而不断优化课堂教学。

总之，潼港小学的教师工作坊的组建灵活多样，充分依据办学中的各类实际需求。初期，我们成立了16个教师工作坊，分别是：笛文化研究坊、艺术教育研究坊、责任教育研究坊、班主任进阶坊、少年军校研究坊、仪式教育研究班、新优质学校项目工作坊、传统体育探究坊、语文工作坊、数学工作坊、英语工作坊等。后期，有的则产生了细分，比如：语文工作坊之下，又产生了"识字教学研究坊""单元要素研究坊"等。尽管这些工作坊运作的时间长短不一，但是确实促进了教师的专业发展。

4. 有效落实，参与分享反哺

在区级、校级骨干教师的带领下，在校外专家的指导下，潼港小学教师根据实际需要有选择地参加一个或多个工作坊，而工作坊必须按照研究主题，确定研究目标，全体成员参与研究计划及评价标准的制定。学校工作坊领导小组，则定期检查工作坊的工作情况。除了常规的计划性资料之外，工作坊还需要准备好过程性资料和终结性资料，这些资料能够还原整个工作坊的开展过程，为后续的评价提供依据。其中，"终结性资料"以研究报告、课题论文、经验总结、教学案例等为主。"过程性资料"包含定期的研究交流活动、校内的文化沙龙、专题讲座等的阶段性材料。这种做法既是给工作坊增加压力，也是搭建舞台，将有效的经验和做法进行全校分享、推广。教师普遍反映，类似文化沙龙和专题讲座这样的活动比较接地气，听起来有趣，能够理解，自己学习之后运用到实际工作中，取得了很不错的效果。

上述"团队智慧"转化为共享资源，使学校所有教师都能从中受益。例如，"班主任进阶坊"的成果"教师与家长沟通的艺术"来源于工作坊全体成员，包括青年教师的工作经验。该成果转化成讲座形式，多次在潼港小学宣讲，深受青年教师欢迎。

5. 提升品质，举措形成合力

教师工作坊的发展也需要"内外兼修"——既需要内部的孵化，又离不开外部的培育。我们不仅需要专家的引领，更需要名师的支持。我们在校内甄选一批"有理想信念、有道德情操、有扎实知识、有仁爱之心"的优秀教师，将他们送到"名师基地""名师工作坊"等平台中去，利用市、区资源加快他们的专业化发展。随后，再由他们将名师的教育教学理念、宝贵经验通过教师工作坊活动间接地传输给每一位教师。

点面结合，加强工作坊的校际交流。教师不仅要关起门来埋头做学问，也要走出去，拓宽视野，丰富阅历，博采众长。随着上海基础教育"十三五"规划的完成，市、区层面诞生了许多"新优质学校"，它们坚持理念的同时，挖掘和发展学校特色，形成各具特色的办学宗旨、教育理念。同样，许多学校教学上独树一帜，有相对较强的学科，在一定的区域内有较大的影响力。因此，我们积极推动教师工作坊的校际交流，促进各校的优势互补、融合和提升，打破固有的办学思维定式、教学思维定式，让教师们在交流中相互启迪，激发新的灵感。

三、教研合一：提升教师教科研水平

强化教师的科研意识和科研能力对于培养自觉主动型教师，提高教师专业素质，提升办学质量，具有重要性和必要性。潼港小学的领导和教师们高度重视教师科研素质的提升，在制度建设和文化倡导方面均采取了相应的举措，并取得了不错的成绩。

（一）创造条件，激发教师科研意识

教师科研意识是教师进行科研活动的内部动力，教师只有拥有强烈的科研意识才能进一步开展科研。潼港小学通过专家引领和制度建设来强化教师的教育科研意识，帮助教师认识到科研的重要性，鼓励教师积极参与科研项目。

长期以来，我国小学教学都有"为应试而教、为应试而学"的倾向，教师需要应付繁重的教学任务和各种考试，即使他们有科研的想法，也缺乏时间和精力。除此之外，还有备课、批改作业和班级管理等工作需要完成。这种传统的教学和组织模式剥夺了教师进行科学研究的权利，也制约了教师的思维方式，不利于教师的全面发展。

此外，很多小学教师在教育科研方面表现得不够自信，不够积极，是因为他们觉得教育科研是一件很深奥的事情，是教育专家的事情，存在着畏难的情绪。

对于小学教师而言，强化科研意识，需要引导教师认识到教育科研的重要性，并帮助他们入门。为了消除教师的畏难情绪，鼓励教师积极尝试与探索，潼港小学邀请校外专家学者进校指导教师开展课题研究，为教师答疑解惑。

与此同时，学校还投入相当的科研经费，对进行科研的教师给予奖励，为教师科研提供积极的支持条件和物质基础，提高教师的积极性。对于教师的科研奖励不仅表现在绩效方面，还表现在教师晋升方面，给予参与科研的教师更多的晋升的机会。比如，将科研成果纳入骨干教师的评比标准中。同时，学校还在会议上公开对参与科研的人员给予肯定和赞赏，肯定教师在科研上的价值，使教师获得心理上的满足。

（二）分类强化，提升教师科研能力

陈向明教授在《教师如何作质的研究》中写道，教师的职业充满了独特的生命力，教师本身更需要朝着专业化的方向发展，参与教育研究是成为专业化教师的最便捷途径。他还指出我国教育科研方面理论与实践相脱离，很多教师都对教育研究不感兴趣，对研究的认识也存在偏差。[1]叶澜教授在《教师角色与教师发展新探》中也提到，当今社会不仅赋予教师更多权利，而且对教师提出了更高的期望，他们所需要的能力之一就是教育科研能力，这是教师在其专业领域的独立能力的最高级体现，也是促进教师能力培养的有效途径。[2]潼港小学根据不同阶段教师的发展特点，采取了具有针对性的措施强化教师科研能力。

1. 见习教师：选择行动研究法，加快适应教师角色

见习教师正处于由学生角色转化为教师角色的过渡阶段，以及教师专业发展的初级阶段。进入新岗位后，能否快速适应全新的工作环境、做好本职工作，能否得到同事和学生的认可，是见习教师们面对的重要挑战。因此，见习教师要基于当下，加快适应教师的角色，努力做到将

---

[1] 陈向明.教师如何作质的研究［M］.北京：教育科学出版社，2001：13.
[2] 叶澜，白益民.教师角色与教师发展新探［M］.北京：教育科学出版社，2001：25-26.

教育教学理论知识与教育科研相结合。

基于上述特点，在见习教师规范化培训的路途上，潼港小学创新性地提出"导师负责、学科组教师共参与"的团队带教方式，形成"一徒多师，一师多徒"的团队带教形式。一方面，骨干教师带动见习教师，帮助见习教师快速站稳脚跟，熟悉教育教研工作；另一方面，骨干教师也向见习教师学习当下的新技术新方法，从而形成互帮互助的团队氛围。

鉴于见习教师的科研基础，我们选择了较为合适的行动研究法。比如，帮助见习教师将区级龙头课题《责任教育理念下小学生自主活动的实践探索》化为一个个小问题。引导见习教师在日常教育教学活动中的细致观察、记录，发现问题并围绕问题进行原因分析、寻找对策、制订方案，形成自己的策略。在对一个个小问题的研究中，见习教师的教科研能力以及责任意识都在不断提升。特别是，责任化主题性自主活动的方案策划设计、经验总结及案例的撰写，有效提升见习教师的科研水平。

2. 青年教师：加强理论学习，深入教育科研实践

任何科研活动都需要在某种科学理论的指导下才能顺利进行，科学的教育理论可以帮助教师加深对许多教育问题的理解和认识，摆脱习惯和经验的束缚，掌握高级教育和教学思想。科研实践可以促进教师树立新的教育教学思想，及时了解教育改革信息，从而为研究奠定理论基础。青年教师是潼港小学教育科研的主力军，目前他们的教育科研能力整体一般，主要表现为缺乏系统的科研理论知识和科研实践。基于青年教师目前存在的不足，潼港小学采取以下措施提升他们的教育科研能力。

第一，不断更新青年教师的教育观念和知识结构，使之符合创新教育和素质教育的要求，具有综合教育的能力和锐意创新的能力。第二，

帮助青年教师进一步发展自己的个性特长，形成自己的教育、教学风格和特色。第三，帮助青年教师进一步拓宽培训渠道，以抓师德、抓教改、抓科研为主要途径，引导青年教师不断成长。第四，逐步构建校本培训模式，形成校本培训体系，使校本培训逐步科学化、规范化、系列化。

针对学校青年教师基本情况，潼港小学按照入职年限将青年教师的培养阶段划分为启蒙期（2019年后进编制）、发展期（2015年后进编制）以及成熟期（2010年后进编制）。其中，启蒙期是基础性培养阶段，培养工作从"应知应会"着手，使青年教师掌握教育教学的常规要求和教学技能；发展期（教龄1—4年）是发展性培养阶段，按照每个青年教师个性发展的特点，为他们创造成长的舞台，促使他们有目标地自我发展；成熟期（教龄在4年以上）是成就性培养阶段重点，培养青年教师在各自领域内不断进取，获得各种成就。

根据青年教师的基本情况，我们采取以下培训措施：

（1）以老带青结对子。充分发挥学校教学骨干的引领作用，由骨干教师对青年教师进行一对一指导。教师发展部组织学校的教学骨干对新教师进行一对一的师徒结对活动，要求从师德修养、学识基础、专业技能、人文内涵上进行全方位的一对一指导，提高青年教师的教育教学水平，使其尽早进入角色，在教学实践与教学理论上不断进步。

（2）实践锻炼压担子。课堂教学改革始终是学校深入推进素质教育的核心，师资的培养就是要把老师工作的重点聚焦到课堂教学中来，引导教师积极参与课堂研究。为此，我们坚持以课堂为主阵地，开展青年教师基本功训练、骨干教师展示课、师徒结对汇报课等活动。

（3）竞赛比武搭台子。给青年教师创造公平竞争机会，为之提供施展才华的舞台，定期开展多种竞赛比武活动，让青年教师各显其能，各领风骚，并给他们创造更多立功受奖的机会，激励他们不断进取。

（4）更上层楼架梯子。多管齐下，为青年教师提高学历层次和业务水平创造条件，使之适应新时期教育现代化的新形势。一是邀请教育行家来学校讲学，帮助青年教师拓宽视野。二是创设机会组织青年教师外出参观学习，让他们可以博采众长。

3. 骨干教师：克服职业倦怠，加强科研团队合作

骨干教师积累了丰富的教学经验，已经形成了自己的教学风格，但同时也容易进入"职业倦怠期"，出现倦怠等不良情绪。部分骨干教师不再对学校评价体系和职称评定等外部因素感兴趣，并认为教育研究对他们而言不是必需的。

基于上述情况，潼港小学将课题研究和论文撰写纳入骨干教师考核标准当中，骨干教师在承担责任的同时，也能得到一定的奖励，鼓励骨干教师树立终身学习的理念，不断完善自己，带动全体教师，使大家都能够自觉、积极地进行教育科学研究。

（1）发挥骨干教师教育教学示范作用。骨干教师应成为本校教育、教学的示范引领者，学校要求他们任期内至少开设一节校级及以上公开课。

（2）指导和带教工作。骨干教师积极承担培养青年教师的任务，任期内至少带教一名青年教师，要有明确的培养目标和具体的培养措施，所指导青年教师教育教学能力要有明显提高。

（3）课题研究与论文撰写。骨干教师须参加一个校级及以上课题研究，完成学校交办的教育科研任务，每学年至少在校级及以上刊物发表教育教学相关论文一篇，或参与校级及以上的交流活动一次。

第三节　自觉主动型教师培育的主要成效和基本经验

潼港小学始终坚持把教师发展作为学校的核心竞争力，以培养一支有思想、有情怀、有智慧的教师队伍为目标，建立了"学习、实践、研究"三位一体的教师专业发展机制，积极探索以"自主学习、互动实践、团队研究"为主要形式的教师专业发展路径。在此基础上，学校还开展了以"建设主动型教师队伍"为主题的校本研修活动，努力建设一支自觉主动型教师队伍，成效显著。

一、自觉主动型教师培育的主要成效

（一）教师个体收获良好的专业成长

在自觉主动型教师培育过程中，潼港小学一直将教师的专业成长放在第一位，致力于为教师创设专业成长的平台。潼港小学通过开展多种类型的活动，引领教师专业成长，收到了很好的成效，主要表现在教师的课堂教学能力得到有效提升。教师们在课堂教学中，能从学生的实际出发，激发学生学习的积极性，引导学生主动探究知识，掌握知识。在具体教学过程中，教师们能根据学生的实际情况采用不同的教学方法和策略，注重培养学生的学习能力。教师们还能通过各种途径学习相关课程知识，拓宽自己的专业视野；通过不断听课、评课，提高了课堂教学水平；通过参加各种培训活动，使教师在新课程理念下能够转变传统的教育观念，改变传统的教学模式和方法，掌握现代信息技术手段。

（二）学校整体教育质量不断提升

在自觉主动型教师培养模式下，学校对教师专业水平的培养和提高给予了高度重视,在各种培训和学习中注重提高教师的专业能力。例如:学校给教师提供了较多学习和提升的机会:新课程改革、校本教研、远程培训等。在各级各类教学技能竞赛活动中,学校为教师提供了较多展示和锻炼的平台,如全市各级各类优质课评比活动、各类学科竞赛活动等。学校对教师专业能力发展的重视,有力地促进了学校教育质量提升,主要表现在:一是学校教育教学质量逐步提升,学生成绩显著提高;二是学生的综合素质和能力不断提升,学生在省、市各类竞赛活动中获奖数量逐年增加;三是教师的教育教学能力和水平不断提高,教师教育教学能力和水平的提升,主要表现为备课和上课的水平明显提高,研究课和示范课水平稳步提升,教师在教育科研以及教师在业务进修方面取得了新进展。

二、自觉主动型教师培育的基本经验

(一)理念先行:以教师发展为本

教师是学校最重要的组成部分之一,他们对学生的教育和发展有着至关重要的影响力。优秀的教师不仅传授知识,还能够培养学生的各种能力,如思维能力、创造力、合作能力等。而且,优秀的教师能够为学生树立良好的榜样,让学生受益终身。此外,教师还是学校文化建设的主导者,有着促进学校良性发展的作用。

《国家中长期教育改革和发展规划纲要(2010—2020)》提出:"努力造就一支师德高尚、业务精湛、结构合理、充满活力的高素质专业化教师队伍,造就一批教学名师和学科领军人才。"潼港小学从以下几个方面着手建设一支品德高、业务精、负责任、会学习、善反思的师资队伍。

（1）提供良好环境：为教师提供良好的工作条件、完善的待遇福利，以及专业的培训和成长空间，让教师感受到工作的意义和获得的成就感。

（2）加强教师管理：建立基于信任和尊重的教师管理机制，鼓励教师参与决策和管理，提升教师的自主性和创新性，使他们能够在工作中充分发挥个人的特长和能力。

（3）提升教师职业道德：通过注重教师职业道德的培养和强化，引导教师不断提高自身的素质和能力，促进其在课堂中注重学生发展，营造出一种良好的学习氛围和教育形态。

（4）构建合作共同体：与高校等企事业单位合作，为教师提供更加广阔的发展空间和资源支持，使其掌握更多的先进理念。

（二）专业建设：创设卓越的教师校本研修文化

为适应新课程改革的要求，潼港小学积极推进校本研修活动，增强教师为教育服务的责任意识，转变教师观念，提高教师素质，促进教师的专业发展，为新课程的实施提供强有力的师资保障。学校制定了一整套系统化的制度，推动校本研修科学、健康、持续、全面开展，形成民主、开放、高效的研修机制。根据潼港小学的具体情况，全面贯彻《基础教育课程改革纲要》精神，以新课程为导向，改进和加强教研工作，立足学校，建立以解决学校在课程实施中所面临的实际问题为目标，以教师为研究主体，以促进学生健康、主动地发展和教师专业化成长为宗旨的校本教研制度，把学校建设成为学习型组织，推动课程改革目标的全面落实。潼港小学的校本研修制度的目标在于：首先，建立"以校为本"的教研制度，使学校教研常规化、制度化；其次，通过集体研修，提高业务学习效率；再次，教师形成学习研究习惯，掌握必要的研究方法；最后，教师知识水平和教学技能逐步提高。

1. 校本研修的主要形式

潼港小学以"自我反思，同伴互助，专业引领"为核心要素，以理论学习，案例分析、校本论坛、教学反思、经验交流、问题解决、教学咨询、教学指导、教师对话、教师论坛为基本形式，通过教学观摩、教学开放、教师优质课、研讨课等活动，为教师参与校本教研创设平台，以"问题—研讨—实践—反思"的操作方式，努力提高校本研修的针对性和实效性，促进教师的专业发展。

（1）自我反思——教师的自我对话。教师结合课改发展需要，对自己的教育行为进行思考、分析，根据自己实际情况制订专业发展计划、个人教研学习计划，并按计划自觉学习，对自己的教学行为进行分析，提出问题，思考对策。

（2）同伴互助——教师与同伴的对话。学校以一系列教研活动为载体，以教师或教学问题为研究内容，开展教师间的互助活动，注重"以老带新，以强带弱"；在校本教研活动中鼓励教师发挥个人的优势，对问题各抒己见，大胆评析，为解决问题提供新思想、新思维、新方法。

（3）专家引领——教师与专家的对话。一方面，聘请校外教学研究专业人员进行专业指导，直接解决教师们思想和教学中的问题；另一方面鼓励教师从专业刊物或网站上学习，引进先进教育思想，促进教师专业发展和综合素质的提高。

2. 校本研修的保障机制

为了推进校本研修常态化发展，潼港小学成立学习支持中心团队，职责分工具体落实到人。其中，校长是校本研修制度的第一责任人。校长要真正树立科研兴校的办学理念，建立校本研修的导向机制、激励机制和保障机制。教师发展部是校长带领教师专业发展的主要助手，制订并实施学校的研修工作计划，检查并总结学校的研修工作，指导教研组长开展校本研修活动，并督促执行。教研组长则负责本年级、本学科的业务学习，计划、组织、检查、总结本年级、本学科教学工作，团结全组同志，搞好教学研究、教学改革实验与教学总结工作，努力提高本学科教学质量。

潼港小学通过健全"校长—教师发展部—教研组长"三级管理网络，确保校本研修的正常开展。

表 5-1　潼港小学学习支持中心团队职责分工表

职　务	职　责　分　工
校长	负责校本研修制度的制定及管理
副校长	负责校本研修的组织与实施
教师发展部主任	负责校本研修的组织与实施
语文教研组长	负责校本研修的组织
数学教研组长	负责校本研修的组织
信息技术老师	负责支持中心的网络管理、资料收集管理、资料上传等

而在具体的校本研修开展过程中，潼港小学建立起了一整套激励机制和保障机制。

（1）建立校本研修激励制度。给每位教师建立个人专业发展档案，定期对教师进行评价。有计划地培养骨干教师、教学能手，为教师成长提供各种条件。

（2）把校本研修作为年终考核教师的重要内容。对在校本研修中涌现出的先进个人给予表彰，并将参加校本研修的情况与教师评优、绩效挂钩，鼓励教师积极参与校本研修。

（3）实行校本研修目标管理。教科处主任、教导主任合理安排时间，使校本研修时间、活动场地得以保障。同时，学校定期聘请专家为教师讲课，为教师教科研活动提供必要的经费保障。

目前，潼港小学教师已撰写关于自主活动的案例达到35篇，关于自主课题的子课题论文38篇。2019年，不少青年教师的论文、案例开始在各级征文、杂志上获奖或发表，学校已经基本告别了"科研薄弱"的面貌。2020年之后，参与课题研究的教师越来越多，论文发表也越来越频繁。

（三）制度保障：营造良好的教师发展环境

教师自主发展是指在教育教学制度的指导和学校管理者的引领下，教师自主地从事教育教学和学习的实践活动，这个过程离不开学校的制度保障。

1. 搭建教师发展平台，创造教师发展机遇

教师的自主发展在很大程度上取决于教师的自主学习。潼港小学为教师提供了良好的进修场所以及大量的学习资源，如网上资源、学术期刊等。同时，学校还为教师发展提供机会，如开展公开课和教学科研评比，选派优秀教师到名校学习，请一些知名学者来学校讲学等，提高教师自主发展的积极性。

2. 构建促进教师发展的评价体系

中小学教师评价体系是一个多维度多层次的复杂系统，由评价主体、评价对象、评价目的、评价标准、评价方式及评价指标体系等构成。潼港小学从评价目标、评价标准、评价方法、指标内容、信息反馈与调控机制等多个层面入手，多方位多角度对中小学教师评价体系进行优化，构建多渠道、多形式的中小学教师评价体系。

3. 提供物质与文化双重保障

潼港小学投入大量人力、物力，为教师自主发展提供物质保障；学校管理者始终以教师的发展为核心，为教师提供良好的工作环境、完备的教学设施，使教师在教学能力发展方面得到保障。

同时，潼港小学注重为教师提供人文关怀。例如，2021年9月，潼港小学党支部联合工会开展关爱教职工健康主题活动，把关爱守护教职工的身心健康作为党史学习教育的出发点和落脚点。通过深入开展"我为群众办实事"实践活动，推动党史学习教育往深里走、往实里走，帮助教职工们树立健康的生活理念，关爱身体，注重保健，用更加饱满的热情投入工作和生活，为祖国的教育事业更好地贡献自己的力量。

第六章
"学生自主发展"办学体系的成效与展望

潼港小学始终秉持"学生自主发展"的办学思想，积极整合各界资源，帮助不同潜质的学生实现"全面而有个性的发展"，定制课程并积极探索教育管理与学制改革，为未来社会发展和国家建设培养优秀人才，多年来逐步探索出了一条可供实践的"学生自主发展"办学之路。

潼港小学的"学生自主发展"办学体系，是学校管理机制创新、课程建设的显著标志，其浓郁的校本特色推动了学校高质量、精细化、特色化的内涵式发展。历经20多年的发展，在"责任担当，自主发展，让每一个生命绽放光彩"的办学理念的引领下，在优秀的教师团队的支持下，在科学的管理体系加持下，潼港小学在课程建设、德育实践、教学改革、科研成果等方面迸发出强大的生命力，取得了显著的实践成果，逐渐形成了具有一定社会影响力的"学生自主发展"办学特色和口碑。

第一节 "学生自主发展"办学体系成效显著

党的二十大开启了全面建设社会主义现代化国家、全面推进中华民族伟大复兴的新征程，提出："办好人民满意的教育。教育是国之大计、党之大计。培养什么人、怎样培养人、为谁培养人是教育的根本问题。育人的根本在于立德。全面贯彻党的教育方针，落实立德树人根本任务，培养德智体美劳全面发展的社会主义建设者和接班人。坚持以人民为中心发展教育，加快建设高质量教育体系，发展素质教育，促进教育公平。"我国教育迈入了一个崭新时代。

多年来，潼港小学依托"学生自主发展"办学体系，借改革助发展，自主做好项目规划论证、研究提升、经验推介等工作，以德育、课程、教学和教师专业发展为支持，不断培育体现自身办学理念、办学精神的特色品牌，努力践行"办好人民满意的教育"的指导思想。

潼港小学连续十七届被评为浦东新区文明单位；近五年来，学校连续被评为浦东新区绩效考核优秀单位；学校党支部被破格评为"一级党支部"；获得"上海市青少年保护先进集体""上海市双拥模范集体"称号；学校的区域影响力和美誉度不断提升。

一、德育工作成果丰硕

在党的教育方针统驭下，全校师生扎实践行学校"责任担当，自主发展，让每一个生命绽放光彩"的办学宗旨和"求真力行、崇德向善、乐学思辨、修艺致雅"的育人目标，进一步强化以责任教育为统领的理念，深化责任教育内涵，凸显责任教育特色。多年来，学校以"扣好人生第一粒扣子"为主题，以学生行为规范教育、科技特色教育、艺术特色教育为抓手，以"育责任少年，促行规养成"为目标，增强德育工作的实效，培养学生全面发展，真正落实立德树人的根本任务，取得了丰硕成果。

（一）心理健康教育：打造"潼心驿站"

随着社会文明的进步，小学生的心理健康教育的重要性引起社会的广泛关注。小学阶段是学生树立正确的世界观、人生观、价值观的重要时期，在加强文化教育的同时，也应该加强小学生的心理健康教育，尤其是积极心理学的教育。[1]潼港小学十分重视学生的心理健康教育工作，开设了校园心理广播栏目——"潼心驿站"，利用校园电台，开展为期两个月，每双周进行一次的心理微讲座，让学生们增长心理健康相关知识，塑造正确的价值观，更好地帮助他们健康快乐成长。

基于心理健康教育的实践探索和积累，学校组织学生积极参与上海市浦东新区"润心慧心健康成长"心理健康主题海报评选活动。同学们运用智慧留意身边的点滴美好，培养健康积极的生活态度，最终获得了浦东新区二等奖和三等奖的荣誉。潼港小学也被评为"上海市浦东新区心理健康达标校"。

（二）家庭教育工作：推动家校共育

家庭教育是人一生中起步最早、影响最深的一种教育，它直接塑造了一个人在个性、品德、修养、爱好、才能等方面的特点。[2]学校十分

---

[1] 李琳.基于积极心理学取向的小学心理健康教育模式探究[J].当代家庭教育,2021(35):32-33.
[2] 吴艳,吴颖婷.上海市小学家庭教育指导的现状调查[J].教育学术月刊,2021(1):50-56.

重视家校联动工作的开展,积极开展学生自主发展教育理念下家校共育的实践,引导广大家长主动承担责任,形成家庭与学校携手共育的强大合力,并取得了丰富的实践工作成果。

潼港小学将家庭教育工作列入学校工作计划,做到有制度,有计划,有检查,有表彰,有记录,有总结,先后出台了《潼港小学学校、家庭、社会三结合教育工作制度》《潼港小学家长委员会制度》《潼港小学家长委员会章程》《潼港小学"优秀学习型家庭"评选办法》《潼港小学"好家长"评选制度》《潼港小学评选表彰先进家庭教育集体及先进工作者办法》等。随着各项规章制度的进一步健全,学校家庭教育工作得到了更有效的保障。此外,潼港小学不断强化家委会管理,形成规范化制度,建立三级家委会制度,坚持每学期召开各级家委会会议,让家长充分了解学校的教育、教学工作,参与学校管理。学校还积极贯彻《中小学家校联系制度》,抓好家长访谈、家访、家长开放日,分发家校联系手册、告家长书等常规工作,并将这些工作列入教师学期量化考评中,使各项工作更规范。

此外,潼港小学还积极开发家长学校课程,拓展教学资源,根据《上海市0—18岁家庭教育指导内容大纲(试行)》编写了《你我责任——潼港小学家庭教育指导校本教材》。潼港小学的家长学校课程针对不同年龄阶段孩子的特点,每个年级有三个不同的主题,帮助家长了解孩子的心理特点,学会相应的教育策略,对自己的孩子有的放矢地进行家庭教育。

2019年,潼港小学成功创建浦东新区家庭教育示范校。这一成绩的取得,归功于在区级德育骨干姜老师引领下的一支热爱学生、善于管理的班主任队伍,他们在家庭责任教育的研究与实践中,不断学习,不断成长。

家庭工作的开展也为潼港小学教师的专业发展提供了资源和支撑。基于实践经验，姜月露老师撰写了论文《教育沟通的艺术——浅论"教师与家长的有效沟通"》，陆敏姬老师撰写了论文《做班级群中的引导者——如何使用微信、QQ与家长的有效沟通》，顾琼华老师撰写了论文《电话沟通，一种快速、简捷的沟通方式》等，这些与家庭教育相关的经验更好地指导了老师与家长之间的沟通。其中，潼港小学教师的论文《家校共育，共担责任》发表于《中国教育实践与研究》杂志，并获现代教育理论与实践论坛全国论文评比大奖赛一等奖。在学校德育室的组织下，一支由校级骨干班主任组成的家教讲师团走向社区，为家长提供"家庭教育的心理规律"等讲座，获得了社区和家长的一致好评。

潼港小学还积极沟通校外合作基地，共建教育平台，充分利用社区、家长资源，深入社区，开展社区服务和文明共建活动，进一步提高学生的服务意识和交往能力，如组织学生到居委会开展公益劳动，来到敬老院为老人们表演节目，组织学生赴烈士墓祭扫，去高炮部队开展体验考察活动等。

未来，潼港小学将继续认真总结经验，与时俱进，开拓创新，不断摸索家长学校工作的新路子、新方向，进一步争取家庭、社会的支持与参与，为形成家校合作、共建教育平台的办学特色不懈努力。

（三）军事体验工作：共建"潼港高炮少年军校"

2008年，潼港小学被批准成立"潼港高炮少年军校"。自成立少年军校以来，学校将少年军校体验教育与践行责任教育有效整合，以少年军校的一系列活动为载体，积极开展丰富多彩、形式多样、生动活泼的教育活动，使之逐渐成为学生体验军营生活、接受国防教育的大课堂，以及锻炼意志品质、培养爱国情怀的主阵地。

在高桥镇镇政府牵头下，学校与驻地部队结成了共建单位，积极开展推进"少年军校"活动的规范发展。学校与共建单位一起建立组织机构，由校长直接担任少年军校校长，部队教导员担任名誉校长，全面组织、协调、指导开展活动，负责制定少年军校的工作规划，突出做好组织保障和制度保障工作。命名军校为各大、中、小队，将一、二年级学生作为军校预备学员，三、四、五年级学生作为军校正式学员。并从少年军校的特色出发，从少年儿童的兴趣爱好出发，队员们充分想象，师生共同设计创作"潼港高炮少年军校"的校旗、校徽、校歌和军校的军衔。

"潼港高炮少年军校"在办学主体上，实行镇、部队与学校三方共建；在军校建制上，实行部队建制与学校建制相结合；在教员配备上，实行部队教官与学校教师相结合；在学员对象上，以四年级学生为重点；在训练时间上，实行集中训练与平时训练相结合；在训练内容上，实行军事训练与游戏活动相结合；在教育教学安排上，实行军校与学校二位一体、统筹安排。

（四）红色教育工作：组建"潼小讲解天团"

2021年正值中国共产党建党100周年。为进一步加强浦东中小学生党史学习教育，深化"扣好人生第一粒扣子"主题教育实践活动，浦东新区文明办、团区委、区教育局共同主办了"党的故事我来讲——浦东新区红领巾讲解员"活动，鼓励浦东少先队员走进红色主题场馆，以少先队员之声讲好党的故事、上海故事、浦东故事，引导他们广泛参与新时代文明实践，学党史、感党恩、跟党走，厚植家国情怀，传承红色基因。

在一支百人的"浦东少先队员团"完成集结后，浦东新区红领巾讲解团正式受聘"成团出道",共同肩负起未成年人在新时代文明实践活动中宣传新思想的光荣使命。其中,潼港小学朱智美同学和陆语薇同学被推荐为浦东新区区级红领巾讲解团成员。在浦东开发陈列馆、"两弹一星"爱国主义教育基地、张闻天故居、内史第(黄炎培故居)、高桥烈士陵园、川沙烈士陵园、南汇烈士陵园、红色泥城主题馆均能看到他们传播红色故事的身影。

此外,潼港小学还在校内积极组建了"潼小讲解天团",他们来到高桥烈士陵园,用少先队员之声讲好党的故事。队员们饱含真情,用自己生动的语言,将观众带回了1949年上海战役的现场,大家共同感受战火纷飞的岁月,一起体会胜利后的喜悦,感谢这些默默为中华人民共和国的成立而献出宝贵生命的烈士。

目前,潼港小学"潼小讲解天团"的队伍已经扩大到了200人,在他们的示范引领下,学校组织预约前往烈士陵园、名人故居、纪念馆等爱国主义教育基地,在老师和家长的带领下,边走边看边学边讲,这也极大锻炼了潼小少年们的语言表达能力。在浦东新区"先锋少年说——红领巾心向党"首届青少年演讲大赛中,潼港小学"小小少年演说家"胡倍萍同学毫不怯场,在组团集体表演和1分钟即兴演讲中发挥出色,对上海、广州、井冈山、遵义等红色城市的红色印记熟稔于心,张口就来,最终获得了二等奖。

二、个性化的"潼心课程"助力学生全面发展

多年来,潼港小学致力于做好拓展型课程、探究型课程与基础型课程的衔接,三类课程相辅相成,相得益彰,让学校的课程体系更加完善。在首批"浦东新区学校特色课程"评比中,潼港小学的"我的责任"课

程获"精品课程"称号,"笛文化"课程和"少年军校"课程获"优秀课程"称号。此外,潼港小学还积极打造社团活动课程,开设了体育类、艺术类、科技类等60余门校本拓展课程,丰富的校本课程为学生的全面发展、个性化发展提供充分的选择与发展的机会。

(一)艺术育人成效显著

潼港小学以"美育"为核心,突出了"以美立校、以美促教、以美怡情"的办学思路,在美育方面做了大量扎实的工作,构建了课堂教学、课外活动、校园文化"三位一体"的推进机制,相互促进、形成合力,发挥了良好的综合育人功效。

潼港小学的美术教研组以学生生活体验为载体,以激发学生美术兴趣为切入点,以美术综合学科渗透为特征,以发展学生想象力和创造性思维为目标,努力打造精品课程。学校积极在全校范围内开设美术兴趣小组,并鼓励学生参加各项竞赛活动。根据学生的兴趣爱好,进行特长生辅导训练,组织学生探索新知识,提高学生的创作能力和欣赏能力。

潼港小学积极组织学生参加各类大赛,取得了不错的成绩。在上海市学生艺术节单项比赛中,黄妍芋涵获得了动漫组的铜奖。在浦东新区的艺术单项比赛中,陈宋禹和李子航获得了银奖,程诗茵获得了铜奖。在第十七届学生艺术节绘画比赛中,范子卉、延彧曦、陆语薇、奚妍芋卉获得了三等奖。

音乐教研组的教师认真备好音乐课,努力上好每一节课,引领学生体验音乐中的美和丰富的情感,使音乐艺术净化学生的心灵,陶冶学生的情操,启迪学生的智慧。

2011年12月起,潼港小学致力于多功能笛子校本课程的开发和研究。2012年10月26日，大同路校区揭牌成立了多功能笛教学实验基地。此后，学校逐步制订了"笛子进课堂"的计划，聘请笛子教育家许国屏老师和上海音协竹笛专业委员会副秘书长、笛子演奏家王少庆老师担任顾问，同时聘请竹笛专业老师担任授课老师，并承担对本校老师的校本培训工作。各年级每周开设2节多功能笛校本拓展课，进行多功能笛子的普及教学，在此基础上选拔优秀学员，组建笛子社团，开展提优训练，组织优秀学员参加上海市笛子专业艺术考级活动。

近年来，潼港小学师生在各类艺术大赛中屡获佳绩，彰显风采。学校每年举办一次笛文化艺术节展演活动，迄今为止已举办了七届。2015年8月30日，潼港小学200名学生受邀参加静安区组织的"纪念反法西斯战争胜利70周年千笛演奏会"活动。2018年11月4日，潼港小学163名师生应邀参加了"千笛迎进博，奋进新时代"静安区迎进博市民修身风采展示活动。2019年5月3日下午，潼港小学的8名同学表演的节目《小鸟》参加了由上海音乐家协会竹笛专业委员会举办的"2019年上海市优秀学生团队展演"，并获优秀展演奖。

十年来，潼港小学有700多名学生先后通过了上海市音协竹笛一至四级艺术等级考核，并获得相应等级证书，学校也获得了"中国竹笛特色教育学校联盟理事单位"称号。

（二）文化育人成果扎实

按照"大力推行，积极普及，逐步提高"的方针，潼港小学坚持利用各种渠道和方式，努力创设良好的教育环境，营造浓厚的语言文字规范化氛围，增强师生语言文字规范化的意识。

潼港小学校园内设有永久性固定宣传牌若干块，写着"爱国旗，唱国歌，说普通话"等内容；楼道、会议室、食堂等公共活动场所都设有

"说普通话，使用规范字"的宣传语，学校宣传橱窗每学期有一期以上以"说普通话、写规范字"为主题的专栏；大队部利用红领巾广播进行推普专题广播讲话；学校的信息平台开辟有语言文字专栏，发布国家语言文字方针、政策、法规，语言文字趣谈，美文欣赏，学校开展的各项语言文字相关活动等信息。

此外，潼港小学还注重拓展型课程的开发，结合"快乐活动日"，根据学生的兴趣爱好及心理特点开设朗诵、书法、口语交际、主持社团等。在多年的实践探索中，潼港小学逐渐成为上海市浦东新区语言文字工作宣传和教育的一个阵地。

潼港小学积极组织学生参与市、区级各类作文大赛，获得了丰硕成果。在2021年"上海市第七届中文自修杯'美丽汉字小达人'"评选活动、2021年"浦东新区科技节双创少年说"活动、2021年"迎接建党百年上海少年儿童'红色声浪'情景讲述展评"活动等各级别的征文比赛中，均有多位学生获奖。

（三）体育育人走向成熟

学生的身体素质是教育教学工作的基础，更关系到学生个人健康和国家、社会的发展。潼港小学坚决落实"每天活动一小时"，让学生在活动中，技能得到训练，心情获得放松，身体得到锻炼。其中，潼港小学十分重视空手道普及工作，由校长直接领导，由体育教研组具体落实，由班主任协同管理，由专业教练精心授课，由中层班子定班听课、反馈。学校在二年级中试行空手道课程，每周一节，根据校本课程定时授课，课后落实反思，每月进行教学研讨，从而不断优化课堂教学。空手道课程的影响力不断扩大，得到了广大师生、家长的认同。在成功开设二年级空手道课程之后，潼港小学其他年级的学生都在体育教师和空手道教练的指导下进入体育馆进行空手道的体验。仅用短短一年多的时间,潼港小学空手道的普及率达到80%。

2018年,潼港小学对陈旧的体育馆进行了大修,重新铺设了跆拳道专用的地板,并增加了LED屏、音响系统、空调以及吸音板等,极大方便了跆拳道的日常训练。同时,多媒体设备的助力,使得课堂教学无死角,方便学生学习,方便教练员指导。2018年,潼港小学获批"空手道传统学校",并建设相应的管理团队,建章立制,为空手道在潼港小学的进一步发展奠定了制度基础。经过不懈努力,学校逐步实现了空手道选手的梯队效应和"TDPC"的课程目标"训练(Train)一批,发展(Development)一批,准备(Prepare)一批,培育(Cultivation)一批,实现无缝化衔接,发现并储备了许多优秀的空手道苗子"。

表6-1 潼港小学学生在第九届"中小联"杯全国空手道公开赛获奖名单

序号	姓名	获奖项目	名次
1	陈玲玲	小学甲组女子个人组手 –39 kg	3
2	于智美	小学乙组女子个人组手 –27 kg	5
3	刘永翼	小学乙组男子个人组手 –24 kg	2
4	王展博 黄瑾瑜 于智美	小学乙组团体组手	3
5	沈君浩 叶子元 李耀斌	小学乙组团体组手	3
6	陈玲玲 吕嘉琦 姚雨欣	小学甲组团体型	3

续表

序　号	姓　名	获 奖 项 目	名　次
7	陈玲玲 吕嘉琦 姚雨欣	小学甲组团体组手	5
8	柏文轩	小学乙组男子个人组手 –30 kg	2
9	秦翰文	小学乙组男子个人组手 –45 kg	2
10	官浩君	小学乙组男子个人组手 –45 kg	2
11	姚雨欣	小学甲组女子个人组手 –51 kg	2
12	张宇哲	小学乙组男子个人组手 –45 kg	1
13	沈君浩	小学乙组男子个人组手 –36 kg	5

随着学校课程和环境的升级优化，一批优秀的空手道苗子也脱颖而出。目前，潼港小学一共有31名接受系统训练的空手道运动员，按年级划分为二、三年级梯队（22人），四、五年级梯队（9人）。每个梯队都有专门的教练进行带队及日常管理。学校先后参加了上海市浦东新区2019年第九届"中小联"杯全国空手道公开赛暨中国中小学空手道总决赛、2019年上海市阳光体育大联赛中小学空手道比赛、2019年浦东新区学生阳光体育大联赛中小学空手道比赛，并取得了优异的成绩。

未来，潼港小学积极将"空手道"课程与"学生自主发展思想"深度结合，优化体教结合工作，促进空手道课程更好地开展，让学生明确自己的责任和使命，最终使三位一体的课程模式逐步走向成熟。

（四）科技创新活动氛围浓厚

基础教育阶段的科学教育肩负培养青少年科学兴趣的重要使命，对人才成长具有重要基础性作用。潼港小学积极开展形式多样、内容丰富、主题鲜明的各类科普活动。科普讲座是潼港小学的常规科技活动，每学期学校都会聘请多位老师走进校园，通过讲座的形式进一步激发学生学科学、爱科学、用科学的浓厚兴趣，营造崇尚科学、尊重知识的校园氛围。除此之外，潼港小学还通过每月科技活动，展示学生科技作品，激发学生学科学、用科学、开展科技创新的强烈欲望。

为了在学校营造良好的崇尚科学的氛围，潼港小学成立了"头脑奥林匹克社团""FCD未来汽车设计社团"，以及船模、建模、自然笔记、摄影、植物学、昆虫学等种类丰富的社团。通过参加一系列科技社团，孩子们的求知欲和聪明才智被极大地调动起来，动手动脑激发了他们的想象力和发明创造的潜力，使他们思维更敏捷，观察更深刻，感受到自己的价值。从而，使潼港少年更具备了自信心、自制力、耐力、毅力、承受挫折和失败的勇气等心理素质。

以课程培多元人才，以科创育玲珑心智。潼港小学始终以"学生自主发展"为路径，让学生坚守"自主"之学习，引导学生沿着求真理、悟道理、明事理的方向阔步迈进。

三、多样化的教学改革实践提升教师队伍素质

潼港小学非常重视教师队伍建设，拥有一支事业心强、业务精、素质高、专兼职相结合的教师骨干队伍，为本校教育教学工作的开展拓展了宝贵资源。近年来，学校的学科教学质量明显提高，优质课的比例持续提升，整体上提升了学校教育教学的水平。

（一）共享发展，区域内外友好交流

潼港小学积极鼓励与推荐教师走出学校去参加市、区各层面专题的培训学习。鼓励教师积极收集问题、正确面对问题、合理解决问题，把问题转化为个人学习的突破口。在校内，潼港小学积极组织教师从班主

任工作、学科教学及心理健康等多方面进行培训，有专题式的教研组共同研究学习，有针对青年教师的基本功提升训练，有个别教师门诊式的诊断带教，有关于家校沟通方面的专题辅导，等等。

将教育教学专家"请进来"也是潼港小学教师研修中非常重要的环节。例如，浦东新区英语教研员叶建军老师来到潼港小学，为大家展示了一堂精彩的绘本示范课"The Little Frog's Beautiful Jump"，课堂中通过富有激情的鼓励，引导学生在和谐融洽的课堂氛围中学习，让学生体验到一次与众不同的精彩纷呈的英文课，也给听课的老师们带来了一次非常棒的学习体验。潼港小学开展的主题为"促进学习的评价课堂教学"的研修活动，教发院赵士果博士对周艳冰老师执教的"正方体的初步认识"、马佳佳老师执教的"线段、射线、直线"进行了专业的点评，等等。

在与专家、智者的零距离接触中，潼港小学的教师学习到了相应领域的专业知识，了解了更多前沿的教育信息，更被专家们对教育事业的热情所感染，从而在工作上更投入，更有创造性，切实提升了教学水平。

（二）搭建平台，立足课堂教学研修

潼港小学立足课堂教学改革，积极探索教学方法，努力构建课堂教学新模式，采用校内强化听课、案例剖析、公开展示等多种形式，切实提高教师教学水平与成熟程度。

其中，潼港小学教师工作坊的形式灵活多样，充分依据教学中的各类实际需求。初期，学校成立了16个教师工作坊，分别是笛文化研究坊、艺术教育研究坊、责任教育研究坊、班主任进阶坊、少年军校研究坊、仪式教育研究班、新优质学校项目工作坊、传统体育探究坊、语文工作坊、数学工作坊、英语工作坊等。后期，潼港小学对此进行了细分，如在语文工作坊的基础上,又成立了"识字教学研究坊""单元要素研究坊"等新坊。

工作坊以年级组、教研组和备课组为主阵地,让青年教师在团队浸润式的学习交流中收获经验,分享成果。学校在规范化培训中实行师徒带教责任机制以及各项责任考核制度,并在备课组、教研组中实行了听课评课制度,形成了浓厚的教学研修氛围。

通过研修,潼港小学的老师们将理论和实践有机结合,在课堂上更加关注学生的学习过程,引导学生体验知识的形成过程;关注学生书本以外或纸笔测试不能进行评价的一些学习能力、方法策略的培养;注重在课堂上让不同学生获得不同的发展;关注课堂教学的本质,使课堂教学真正回归平实、开放和有效。

此外,潼港小学还创造机会让教师走出校园,到更广阔的环境中去参加各级各类培训和教育教学活动,为他们搭建学习、实践、研讨和展示的平台。在校内,学校为教师提供随堂课、组内互观课、家长开放日展示课、各级骨干展示课、区级校级公开课、见习教师汇报课等学习机会。

潼港小学十分注重教学交流工作,积极举办、参与各种教学交流活动,例如:举办艺术教育论坛,邀请浦东新区小学教育指导中心、教发院、浦东新区青少年活动中心、高桥镇政府以及潼港小学共建单位等相关领导和学校艺术教育的负责人、社团课程的执教老师以及学生、家长一起交流对开展艺术教育工作的看法。围绕"优化教学组织,提高课堂效率"研修主题,由体育学科组的杨易雍、王中任两位老师承担了区级公开课"跳跃:各种单双脚跳",英语教研组徐雯燕老师开放区级公开课"4B M3U2 Tom's clock",陶慧菊老师开放区级公开课"4B M3U2 Kitty's Friday evening"等。

潼港小学组织的每学期的听课评课活动,要求所有任课教师参与,每位教师每月须跨学科听课不少于2节。课后开展评课活动,先由上课老师阐述自己的设计意图、教学方法,然后专家或教研组长会对这节课进行点评,最后每位教研组成员都会对课中的某一点提出自己的意见或建议。在实践的过程中,潼港小学的教师们真正掌握了教学五环节的基本方法,并能灵活运用教育教学专业知识与技能,把好课堂教学质量关,顺利完成教学任务。

2019年,学校共组织了1节市级研讨课,6节区级展示课,50节校级、教研组公开课(研究课)。学校自筹资金专门改造了可以全场转播的、可容纳80人的开放录播室与可容纳315人的小剧场,为教师课堂教学展示搭建了现代化平台,方便研修活动的开展。

(三)参与竞赛,提升青年教师教学能力

青年教师现在是学校的新生力量,不久的将来则会成为学校的主力军。要想青年教师能持续快速成长,释放其特有的激情和才华,就必须搭建青年教师的成长平台,多渠道、多途径地为青年教师提供用武之地。

潼港小学现有近50名青年教师,涉及语、数、英、音、体、美、自然等学科,工作中他们均能充分表现出青年教师应有的良好潜质。学校根据每位青年教师的特点及岗位需要,挖掘本校教师队伍中的优势资源,在相同年级组为青年教师挑选师傅,帮助他们在日常教学工作及班主任管理中解决问题,把握方向,并积极鼓励教师参与课例比赛和各类教学技能大赛。

潼港小学建立了"导师负责、学科组教师共参与"的团队带教方式,形成"一徒多师,一师多徒"的团队带教形式,并积极开展"骨干教师展示周""青年教师教案评比""青年教师教学设计评比""青年教师教育教学案例评选""青年教师说课比赛""青年教师听评课"活动,"潼港小学青年教师教育教学随笔"评选活动等,促进教师教育教学专业能力的提升。

通过几年来不懈的努力,潼港小学一批又一批新教师茁壮成长,成为学校的新生力量,青年教师在各级各类比赛中屡屡获奖:2018年,在浦东新区举办的第二年教龄教师"基本功跟踪考评教学设计比赛"中,殷妍等4位老师分获一、二、三等奖;2018年,陈锦伟老师荣获"浦东新区小学体育教师教学技能比赛"二等奖;2019年,在浦东新区举办的第三年教龄教师"新苗杯"教学评优比赛中,王星等4位老师分获一、二、三等奖;2019年,青年教师陈妮妮在"第三届浦东新区青年教师爱岗敬业教学技能竞赛决赛"中荣获一等奖;2019年,陈妮妮老师又在"第三届上海市基础教育青年教师爱岗敬业教学竞赛"中荣获二等奖;2019年,王星老师荣获"迦陵杯·诗教中国"诗词讲解大赛上海赛区二等奖;2020年,陈锦伟老师荣获"上海市中青年教师课堂教学评比浦东新区评选"小学体育与健身三等奖;2021年,王星老师荣获"第四届浦东新区青年教师爱岗敬业教学技能竞赛(小学文史组)"一等奖、"浦东新区六师附小教育集团青年教师教学设计评比大赛(语文)"三等奖;2022年,王星老师荣获"浦东新区青年新秀征文比赛"一等奖、浦东新区"同心抗疫,同行守'沪'"以诵寄情比赛一等奖。

四、教师育人科研成果多元化涌现

办好学校的关键是要有一支师德好、业务精的高素质师资队伍。学校发展依赖于教师发展,教师发展需要一定的方式途径。因此,加强学校教师队伍建设是学校工作的重中之重。

在工作中，潼港小学充分认识到课题研究是推动教师专业发展的有效途径。多年来，学校以专家、学科带头人、骨干教师为引领，以研究课题为纽带，以先进的教育思想为指导，以问题为导向，组建教师合作共同体，制订教师工作坊实施方案，加强教师工作坊管理等举措，有效地促进了学校教师的专业发展，提升了学校办学水平。学校师资队伍稳定，业务精湛，师德高尚，多数教师处于成熟与稳定期，为科研育人工作奠定了良好的基础。

（一）市、区级课题成果申报踊跃

林崇德认为，"优秀教师＝教学过程＋反思"。教师专业发展离不开反思，反思性教学已成为现代重要的教学范式。叶澜说："一个教师写一辈子教案不一定成为名师，如果一个教师写三年的反思，有可能成为名师。"教师的工作是一种实践性很强的工作，需要不断地去改进、不断地去完善，因此教师自主反思对教师专业成长显得尤其重要。[①]在课题研究过程中，教师通过理论学习对教学理念进行反思；通过课例研究，对自身的课堂教学进行反思；通过撰写教学随笔、教育叙事、教学案例，对教学行为进行反思；通过自拍课堂实录，对课堂实践进行反思。课题研究引发了教师的自主反思，提升了教师的专业能力。

潼港小学以市、区级课题为主课题，在学校教师发展部的带领下，围绕学校的主课题延伸出微型课题供学校教师研修。微型课题研究以"小切口、短周期、重过程、有实效"为基本特征，以"问题即课题、对策即研究、收获即成果"为基本理念，以"小（小问题）、实（实问题）、活（灵活）、短（周期短）、平（平常化）、快（见效快）、衍（可发展）"

---

① 闵钟.论教师有效反思的理论观照［J］.福建师范大学学报（哲学社会科学版），2019（1）：149-155，161，172.

为基本特点。①其流程：选题→立项→研究（学习、实践、讨论、分享、反思、改进等）→结题（总结、撰写研究成果），每一步都为教师专业发展提供了平台。

调查显示，潼港小学90%以上的教师在从事基础型课程教学的同时，还能参加拓展型、探究型课程的教学，并且积极参与学校课题研究。潼港小学用课题引领教师专业阅读，用课题引领教师课堂实践，用课题引领教师团队互助，用课题引领教师自主反思，用课题引领教师专业成长，使学校教师在教育、教学、科研等方面的能力得到全面的提升。2017年至今，潼港小学共申请了3项市级课题，5项区级课题，教师参研的微型课题有60项，学校的一大批教师获得了发展。

表6-2　潼港小学教师课题申请和立项情况

时间	申请人	课题名称	级别	类型	状态
2017	陆颖姝	责任教育理念下小学生自主活动的实践探索	区级	一般课题	立项
2021	陆颖姝	基于地域文化开展项目化学习的实践研究	区级	一般课题	立项
2021	高　易	"双重三维教学法"在小学古诗教学中的设计与实践研究	区级	规划课题	立项
2021	沈舟莉	"读者剧场"在小学英语阅读教学中的运用研究	区级	规划课题	立项
2021	张怡俊	小学语文学科融合劳动教育的实践研究	区级	规划课题	立项
2021	陆颖姝	加强校园党建文化阵地建设提升党员凝聚力的实践研究	市级	党建工作类	立项
2021	马跃华	"文化寻根　高桥之韵"小学综合性社会实践活动的实践研究	市级	骨干项目	立项
2021	陆颖姝	全员导师制视角下家校沟通的研究	市级	规划课题	立项

---

① 陈向明.对教师实践性知识构成要素的探讨[J].教育研究，2009，30（10）：67.

马跃华老师在潼港小学分管德育、两类课程工作，担任浦东新区两类课程组中心组成员，也曾在2017年参与浦东新区学校教育科学研究课题"责任教育理念下小学生自主活动的实践探索"与2018年浦东新区学校德育实践研究课题"家庭责任教育的实践研究"，论文《小学探究课程中学生自主学习能力的培养》在《浦东教育研究》杂志上发表。

陈妮妮老师在潼港小学负责艺术教育工作，曾在2017年参与浦东新区学校教育科学研究课题"责任教育理念下小学生自主活动的实践探索"，论文《学习准备期阶段的音乐教学活动设计》在《浦东教育研究》杂志上发表。

张怡俊老师在潼港小学负责家庭教育工作，曾在2018年浦东新区学校德育实践研究课题"家庭责任教育的实践研究"中担任主要研究人员，论文《新课标下小学语文实践能力的培养》发表于《教育论坛》杂志的2019年第12期。

学校始终坚信，只有处于研究状态下的教育教学工作才是有意义的和快乐的。以课题研究引领教师专业成长是教师走出职业倦怠，走向自主发展，实现人生自我价值的一把金钥匙。

（二）教师论文发表与评优迎来"收获的季节"

随着课题研究的渐入佳境，潼港小学教师的科研水平得以提升，科研兴趣不断提高。同时，教师的研究成果也不断增长，潼港小学已经到了"收获的季节"。近五年，潼港小学教师积极参与多个市级、区级课题研究，取得近百项研究成果，累计论文100余篇，有74篇教师教育教学论文已发表或获奖。

其中，戈天燕老师《习以为常的作文"贫血"现象》荣获2019年"黄浦杯"长三角城市"关键教育事件"征文优秀奖；顾一铭老师《浅析小学生自主活动的特征》荣获 2019 年浦东新区教育学会论文优秀奖；沈舟莉老师的《提升小学英语教学有效性之我见》已在《学习周报（教与学）》杂志上发表，另外《中国中小学生英语分级阅读标准》已在《新课程》杂志上发表；张曙明老师的《巧用数形结合思想，点亮数学课堂》获"中国梦·全国优秀教育教学论文评选大赛"一等奖；蔡懿老师的《小学数学开展微课教学的初探》获第三届上海市教育信息化论文征集遴选活动的"入围论文奖"。

表 6-3 潼港小学部分教师论文获奖情况

时间	作者	论文名称	奖项	发奖单位
2019	张曙明	巧用数形结合思想，点亮数学课堂	一等奖	中国梦·全国优秀教育教学论文评选大赛组委会
2019	戈天燕	习以为常的作文"贫血"现象	二等奖	上海市浦东教育发展研究院学校发展中心
2019	顾一铭	浅析小学生自主活动的特征	优秀奖	浦东新区教育学会
2019	陈锦伟	小学生自主体育活动的实践探索	一等奖	浦东新区教育发展研究院
2019	陈锦伟	一年级自主体育活动案例——分享介绍中国民间传统体育游戏	二等奖	浦东新区教育发展研究院
2019	王中任	二年级地滚小皮球案例	三等奖	浦东新区教育发展研究院
2020	徐萍	扬无咎四梅图研究	三等奖	上海市浦东教育发展研究院教师发展中心
2020	戴晶	小学低年级绘本阅读教学的问题、成因和对策	优秀奖	上海市浦东新区教育学会
2020	陈妮妮	小学音乐课堂中学生自主学习能力培养策略初探	三等奖	上海市浦东教育发展研究院
2021	顾一铭	追逐梦想，我们永远在路上	二等奖	上海市浦东教育发展研究院

续表

时间	作者	论文名称	奖项	发奖单位
2021	陈妮妮	浅谈疫情下小学音乐教师"云课堂"中的做与思	二等奖	浦东新区信息技术协会
2021	陈妮妮	在"务正业"和"不务正业"之间快乐成长	二等奖	上海市浦东教育发展研究院
2021	凌丹纯	红领巾文明礼仪监督岗的小风波	三等奖	中国少年先锋队上海市浦东新区工作委员会
2021	顾一铭	"晓黑板"教学平台使用问题成因和对策	交流奖	上海市浦东新区信息教育技术协会
2022	顾一铭	"课堂奖励"的小智慧	二等奖	上海市浦东教育发展研究院

这些论文和案例从不同的角度反映了教师引领学生开展自主活动的足迹，体现了教师对学生自主活动有关问题的思考。从中可以看到教师的教育智慧、活动创意，以及积极的态度和探究精神。

多年来，在学校教师科研能力培养的实施过程中，教师在学习中思考，在思考中感悟，在感悟中升华，在升华中收获，在收获中品味教科研带来的职业幸福，实现了教育科研由"要我研"到"我要研"的转变，使教师的教育理念不断得到更新，也使教师适应新时代教育发展的要求。

（三）教师榜样示范与引领形成标杆

教师荣誉表彰是加快高素质的教师队伍建设和引领全社会尊师重教的风尚的重要环节，体现了国家、社会和公众对优秀教育工作者的认可和鼓励。[1] 潼港小学通过教师工作坊的探索实践，涌现了一大批爱岗敬业、德才兼备的新时代"好教师"，在学校和区域内部形成了良好

---

[1] 罗笑含. 当代中国中小学教师荣誉表彰制度研究［D］. 南京：南京师范大学，2019.

的影响力。

其中，张珍艳老师获浦东新区教育系统"为老服务优秀青年志愿者"，茅建华、姜月露、张曙明、赵锋等28位老师先后荣获上海市园丁奖、浦东新区园丁奖、浦东新区优秀班主任等区级以上荣誉称号，教师有60多人次被评为镇优秀教师。学校现有市名师后备、区骨干教师、区教学新秀、区学科中心组成员等19名，优质教师队伍显著壮大。

2019年度至今，有10位教师年度考核优秀受记功奖励。茅建华老师作为第一批"万名教师计划"援疆教师，于2018年启程进疆，在教学中，茅老师倾其所能向莎车县第一小学的学生们传授知识，在教学研讨中，与当地教师结对交流学习。茅老师曾荣获浦东新区"少先队红旗中队辅导员""上海市红旗中队辅导员"等称号。在茅老师完成为期一年半的援疆工作之后，2019年张君老师、2021年吴宇波老师也先后接过茅老师手中的接力棒，成为第二批、第三批"万名教师计划"援疆教师中的一员，为我国的西部教育贡献自己的力量。

第二节 学生自主发展办学的展望

潼港小学经过多年的教育改革和学校"学生自主发展办学思想"的实践推进，学校的课程建设、教学管理和科研发展取得了丰硕的成就。但展望未来，潼港小学的发展既有机遇，也有一定的挑战。潼港小学紧扣时代发展脉搏，在全面分析学校历史文化、办学优势、发展障碍、资源需求、内部人员结构等状况的基础上，以一种全局性的眼光来规划学校的发展格局，在传承的基础上不断变革与创新，力争以创新发展适应新的时代要求。

一、学生自主发展办学面临难得的时代机遇

"虽有智慧，不如乘势。"面对中华民族伟大复兴战略全局和世界百年未有之大变局，面对即将来到的跌宕起伏的新世界，基础教育该如何革除传统的不合时宜的教育模式，构建崭新的育人框架？从学生自主发展的研究与实践中我们认识到：无论从时代发展的高度瞻望，还是从基础教育功能来透视，没有什么比弘扬人的自主性来得更加重要了。

（一）自主发展是新时代教育变革的新要求

中共中央办公厅、国务院办公厅印发的《关于深化教育体制机制改革的意见》指出，要深化简政放权、放管结合、优化服务改革，把该放的权力坚决放下去，把该管的事项切实管住管好，加强事中事后监管，构建政府、学校、社会之间的新型关系[1]。深化"放管服"改革为学校发展注入了新的动力，也对学校增强自主发展的内在能力提出了更高的要求。

（二）国际发展环境呼唤自主发展教育

从国际上看，未来是注重竞争、注重突破、注重学习的时代，国际环境错综复杂，不稳定性、不确定性明显增加，科技创新成为国际战略博弈的主要战场，围绕科技制高点的竞争空前激烈，世界生存环境将变得多变、多彩、多险。面临这样的发展环境，人才的素质标准必然被赋予崭新的内容；市场经济的惊涛骇浪，不仅冲击着文化和教育领域，还震撼着莘莘学子思想深处的世界观、人生观、价值观。因此，要重视培养学生正确的自我意识、健康的心理素质与承受挫折、战胜危机的顽强意志，培养自我磨砺、自我调整及反思的能力，培养自立自强的精神和

---

[1] 中共中央办公厅、国务院办公厅印发《关于深化教育体制机制改革的意见》[EB/OL]. (2017-09-24)[2021-05-26].http://www.gov.cn/zhengce/2017-09/24/content_5227267.htm.

道德自律能力。这样，他们才能有资格成为未来社会的主人。

（三）新一轮的基础教育课程改革需要有学生主体的参与

今天的教育就是为了明天的世界。教育对未来社会的适应性就决定了教育必须实行改革。自主学习，是当今世界教育研究的一个重要主题，也是我国基础教育课程改革中极力倡导的三种学习方式之一。《基础教育课程改革纲要（试行）》，第一条明确指出："改变课程过于注重知识传授的倾向，强调形成积极主动的学习态度，使获得基础知识与基本技能的过程同时成为学会学习和形成正确价值观的过程。"[①] 如何激发学生的学习积极性和主动性，培养学生的自主学习能力，成了当今教育教学迫切需要解决的问题。

（四）现代教育改革内容之一是要推进"教育民主化进展"，改变"陈腐的师生关系"

从教育历史看，过去几十年片面地强调教师的权威性和知识的灌输性，师生关系虽然说不上是对立关系，但总是变成教师（主人）对学生（仆人）的主从关系。但是，随着新时代的到来，社会文明程度的提高，这种教育开始受到冲击。一方面要求教师在教育教学中起好主导作用，另一方面要使学生充分发挥主体地位的作用，成为自我进步、自我完善的主人。这正是我们所需要的自主教育。

（五）开展学生自主发展教育、培育受教育者的主体性是提高个体整体素质的前提

学生的成长都是以时代变化为背景的。社会的变革、发展，以及所

---

① 教育部.教育部关于印发《基础教育课程改革纲要（试行）》的通知［EB/OL］.［2022-12-08］.http://www.moe.gov.cn/srcsite/A26/jcj_kcjcgh/200106/t20010608_167343.html.

存在的弊端都无不会折射到学生身上。这些年来，虽然由于教师和社会工作者的努力，广大学生的精神面貌有了明显好转，但还存在着"四缺"毛病：缺正确的价值观念；缺高尚的道德情操；缺良好的文化素质；缺坚强的生活能力。面对这些问题，除了需进行"三个主义"（爱国主义、集体主义、社会主义）教育的"强心输液"和进行日常行为规范的"硬骨加钙"外，还必须从"三个面向"的高度，切实对学生进行提高自立自强、自学自治、自锻自理能力的"健身训练"，帮助学生战胜理想抱负上的"迷茫症"、知识学习上的"贫血症"和生活管理上的"瘫痪症"。

这些问题除了教师的外因教育外，还要使学生启动内因的变化，调动主体能动性，自我进行素质"滋补"。换言之，自主发展教育为素质教育奠定了基础，也为潼港小学的发展提供了沃土。

二、迎接挑战，努力办好人民满意的教育

学校自主发展是新时代教育发展的新使命，时代的发展为潼港小学"学生自主发展"思想提供了沃土，也对教育提出了更高要求，学校发展也面临学校自身发展和时代变迁的双重挑战。

（一）办人民满意的教育，要努力办好老百姓家门口的每一所学校，促进学校步入自主发展的良性轨道是重中之重

潼港小学拥有两个校区，需要正确处理协同发展的挑战。双校区办学是潼港小学面对的基本事实。那么如何充分利用两个校区的优势？在教学管理及文化建设上如何协调两个校区的发展一致性？怎样更好地提高两个校区之间的沟通效率？如何在未来学校管理决策中平衡多种双边关系？避开因为校区规模差异而导致的资源不平等问题，使两个校区协同发展是潼港小学亟待解决的问题。

（二）学校提高办学层次面临着激烈的外部竞争挑战

作为一个基层的公立小学，潼港小学与其他学校一样都面临着学生的升学压力挑战，面临着外部其他学校的竞争挑战。面对压力，学校应该不断地提高办学层次，更重视对学生的人文关怀，建立起宽松和谐的教学环境，潼港小学未来也将充分发挥自身的优势，走内涵发展的路子，让校园充满人文气息。只要建立了良好的师生关系和学习环境，学生自然乐学而不疲。

（三）数字化发展给学校教学带来的挑战

当前，基于互联网的教学模式，突破了学习时间和空间的局限性，有利于学习者进行个性化的线上学习，共享优质课程资源；同时，也为学生的自主学习和合作学习，探索线上教学和线下教育相融合，改革传统的教学方式和手段提供了条件。教师的角色正在由知识的传授者转变为学习活动的设计者和引导者，与学生之间形成了新型的学习伙伴关系，这对传统教育提出了严峻的挑战。

（四）"双减"政策下带来教育创新和发展的挑战

在"双减"政策的大环境下，潼港小学认识到，学校的教学应该更快速地提质增效，从根本上满足学生多样化的教育需求，确保学生在校内学会、学足、学好，真正发挥好学校主渠道、主阵地的作用。关键在于，义务教育阶段学校教育要能达到优质均衡，教学质量、效能要能得到有效提升，这就对学校的教育创新和发展提出了更高和全新的要求。

看似寻常最奇崛，成如容易却艰辛。

潼港小学多年来以"责任教育"为抓手，坚持"责任担当，自主发展，让每一个生命绽放光彩"的办学理念，并在学校各板块初步落实，初显成效。但随着学校不断深入发展，如何将"学生自主发展办学思想"

进一步深化，使之成为学校文化特色品牌，还需要不断思考和努力。

未来，为办好人民满意的教育，塑造具有责任意识、自信意识、合作意识的自主发展型人格的一代新人，潼港小学怀着让每一个学生享受"学生自主发展办学思想"甘甜雨露的美好愿景，在为建设成上海市乃至国内有较高美誉度和影响力的学校的征途中，一路阔步向前。

在2020年潼港小学毕业典礼上，笔者做了题为"请带着母校的期待远航"的致辞，表达了希望同学们自主发展、自主成长、展翅高飞的祝福：

亲爱的同学们，老师们：

大家好！今天，我们欢聚在这里，在我们美丽的校园举行2020届五年级毕业典礼。我谨代表全体教职员工向圆满完成小学学业的同学们表示诚挚的祝贺，向为了同学们健康成长而奉献心血与智慧的老师们致以崇高的敬意！

孩子们，5年——1800多个日子，你们已经从一个个懵懂的孩童一天天成长进步，成为风华正茂、意气风发的少年了。看着你们的笑脸，每一位老师为你们的成长感到高兴，为你们的进步感到欣慰。老师们将高兴地看着你们走出校园，目送你们进入中学，进行新的学习和生活。此时，我想我们每一位同学都应该用热烈的掌声为自己5年的成长与进步喝彩。

同学们，相比于一个人一生的学习时间，5年的小学时光是短暂的，但却是最美好、最难忘的。今天，如果我们静下心来让自己记忆的闸门打开，你会发现有那么多难忘的情景：学校的一草一木，每位师长、每个伙伴，大家一起去过的春秋游、一起看过的儿童剧、一起参加的少年军校活动、一起加油鼓劲的学校运动会、艺术节，甚至一起吃过的食堂饭菜，都无不见证了你们的成长和欢乐。世界上有很多绚丽的词句赞颂母校，歌颂老师。但今天，我只希望我们的同学能记住你们小学的恩师，用心、用掌声感恩、感谢他们对你们无私的教诲吧！

少年强则国强。今天的你们，既是实现我们中华民族第一个百年奋斗目标的经历者、见证者，更是实现第二个百年奋斗目标、建设社会主义现代化强国的生力军。2020年，注定是不平凡的一年，但我更期待一个个不平凡的你们，只争朝夕，不负韶华，少年有为，志在家国。2020年的新冠疫情给我们国家、社会和人民带来了严峻的考验，因为有了千千万万的最美逆行者，为生命护航，换来了我们此刻的平安与健康。榜样就是我们前进的方向和力量。让我们和他们一样心怀家国，小臂膀挽起大力量，视逆境为生命的馈赠，化磨砺为成长的滋养。

同学们，聚是一团火，散是满天星。我想送你们五颗心：家国心、感恩心、敬畏心、求真心和上进心，愿你们装着它们在浩瀚的学海中逐梦前行，展翅高飞，未来无论你们走多远，都永远在母校的视线里！

让我们重温马克思、恩格斯在《共产党宣言》中提出的著名预言："代替那存在着阶级和阶级对立的资产阶级旧社会的，将是这样一个联合体，在那里，每个人的自由发展是一切人的自由发展的条件。"

参考文献

艾兴，曹雨柔.教师校本化发展：内涵、规划和实施[J].教师教育学报，2023，10（1）：69-80.

安婷婷.爱的放歌：班主任多彩教育艺术[M].北京：光明日报出版社，2018.

保罗·佛莱雷.被压迫者教育学[M].上海：华东师范大学出版社，2001.

柴耘.促进每一所学校步入自主发展的良性轨道[J].人民教育，2021（20）：56-58.

陈根法.成长的奥秘[M].长沙：湖南教育出版社，2019.

陈金良，濮玉芹主编.共建、共享、共赢区域推进校本课程建设的行动研究[M].上海：上海科学技术出版社，2020.

陈向明.对教师实践性知识构成要素的探讨[J].教育研究，2009，30（10）：66-73.

陈扬.小学规则教育实施困境的省思[D].兰州：西北师范大学，2020.

陈永明主编.教育危机管理[M].天津：天津教育出版社，2007.

陈宗庆.小学德育主题活动系列化研究[D].上海：上海师范大学，2013.

程晓琳.夯实德育根基 助推学生自主发展[J].辽宁教育，2018（22）：70-72.

楚江亭.学校发展规划：内涵、特征及模式转变[J].教育研究，2008（2）：81-85，105.

崔丽娟.初中生心理健康教育读本教师用书[M].合肥：安徽科学技术出版社，2004.

戴锐.榜样教育的有效性与科学化[J].教育研究，2002（8）：17-22.

单冬.基于自我调节学习理论的深度学习实现路径[J].中国成人教育，2021（8）：3-6.

丁少华，杨夺.少年军校现状及其教育功能研究——基于北京市两所少年军校的实证调查[J].青少年研究与实践，2016（4）：55-59.

樊学艺.可持续发展教育与教师主体人格塑造[M].北京：企业管理出版社，2007.

方红，王帅.论关涉个体幸福的教育重构[J].教育学术月刊，2008（1）：12-15.

冯菲，于青青.基于慕课的翻转课堂教学模式研究[J].中国大学教学，2019（6）：44-51.

冯永刚.规则教育的偏失及匡正[J].中国德育，2015（7）：33-37.

高孝传，杨宝山，刘明才.课程目标研究[M].北京：教育科学出版社，2001.

高志敏.关于终身教育、终身学习与学习化社会理念的思考[J].教育研究，2003（1）：79-85.

顾明远.国际教育新理念[M].北京：教育科学出版社，2020.

参考文献

关强，张莉.中小学生核心素养发展的实践探索［M］.沈阳：辽宁大学出版社，2019.

郭德俊，李原.合作学习的理论与方法［J］.高等师范教育研究，1994（3）：43-47.

郭辉，韩玲.济南市历城区洪家楼小学：坚持有格德育，促进自主发展［J］.中国德育，2020（6）：59-62.

何冰，袁永生."自主发展"德育中的"四自"实践与探索［J］.广东教育（高中版），2018（3）：71-72，25.

核心素养研究课题组.中国学生发展核心素养［J］.中国教育学刊，2016，282（10）：1-3.

侯明飞.推进学校内部深层变革，发挥育人主阵地作用［J］.辽宁教育，2023（2）：65-68.

贾伟，钟发全，蔡其勇.基础教育新课程改革：困境消解与路向调适——基于形而上学的视角［J］.教育学术月刊，2023（1）：3-12.

金瑞莲.提升学校德育活动质效 激发学生自主发展潜能［J］.上海教育，2015（Z2）：84-85.

蒯峰梅.师生成长的智慧园［M］.上海：同济大学出版社，2016.

李逢五.拓展型课程：实施方案与科目设计［M］.上海：上海科技教育出版社，2008.

李宏伟.少年儿童组织与思想意识教育概论［M］.北京：首都师范大学出版社，2019.

李利芳.论童话的本质及其当代意义［J］.兰州大学学报，2003（2）：22-26.

李如密，刘玉静.个性化教学的内涵及其特征［J］.教育理论与实践，2001（9）：37-40.

李雁冰.课程评价论[M].上海：上海教育出版社，2002.

联合国教科文组织编.教育财富蕴藏其中[M].联合国教科文组织总部中文科译.北京：教育科学出版社，2014.

刘凡源.小学生规则教育现状调查[D].天津：天津师范大学，2019.

刘娟娟，霍东军.德育重心：从他律转向自律[J].中学政治教学参考，2019，732（18）：48-49.

刘娜，李彦丽.根据自我调节学习理论探讨研究性学习的开展[J].中国高等医学教育，2008（3）：59-60，117.

刘晴.德育生活化研究[D].济南：山东大学，2006.

刘舜芳.我的班级我做主——浅谈小学生班级自主管理能力的培养[J].教育教学论坛，2014（39）：22-23.

刘万章，林全福.引导自主学习 培养自学能力[J].教育评论，2001（2）：85-86.

刘喜如.课堂内外相结合，为学生自主发展创造空间——"借鉴多元智能理论，开发学生潜能"的实践研究总结[J].文教资料，2012（2）：137-138.

刘献君.论"以学生为中心"[J].高等教育研究，2012（08）：1-6.

刘欣.培养学生自主学习适应未来社会发展[D].大连：辽宁师范大学，2006.

龙军，殷建平，祝恩，赵文涛.主动学习研究综述[J].计算机研究与发展，2008（S1）：300-304.

鲁洁.人对人的理解：道德教育的基础——道德教育当代转型的思考[J].教育研究，2000（7）：3-10，54.

陆颖姝.教师工作坊助推学校内涵发展[J].现代教学，2021（9）：

67-68.

马学梅.落实"双减"助力学生发展[J].陕西教育(综合版),2022(9):36-37.

梅华.自尊是通向幸福和取得成功的钥匙[J].思想·理论·教育,2005(24):35-37.

蒙松生.自主学习主动发展——素质教育下的学生自主参与数学学习[J].课程教育研究,2013(30):63-64.

宁本涛,樊小伟.论"五育融合"的生成逻辑和实践路径[J].杭州师范大学学报(社会科学版),2022,44(5):62-69.

钱佩芳.完善学校德育主题活动教学的措施探讨[J].学校党建与思想教育,2011(12):69-70.

区华宇,田丽丽.趣味教育的基本原理与发展方式[J].中国校外教育,2016(18):85-86.

尚诗念,姬青林,邓兴林.小学体育自主课程开展的价值研究[J].体育世界(学术版),2019(12):189,195.

邵春瑾.基于劳动教育实践基地的创新人才培养路径[J].科教导刊(上旬刊),2017(28):39-40.

申继亮,姚计海.心理学视野中的教师专业化发展[J].北京师范大学学报(社会科学版),2004(1):33-39.

施久铭.核心素养:为了培养"全面发展的人"[J].人民教育,2014(10):13-15.

施良方.课程理论:课程的基础、原理与问题[M].北京:教育科学出版社,1996.

石中英.缄默知识与师范教育[J].高等师范教育研究,2001(3):36-40.

史云志.以活动为载体,提升德育教育的实效性[J].中国教师,2016(S1):178.

唐国镇.开展社会实践活动,提升中小学生德育素养[J].考试周刊,2022(23):14-17.

陶行知.中国教育改造[M].合肥:安徽人民出版社,2019.

涂元玲.重视关于"我"的思与行促进学生真正自主发展[J].人民教育,2022(Z3):60-62.

王厥轩.小学探究型课程案例100例[M].上海:世纪出版集团,2004.

王明娣,翟倩.中华优秀传统文化融入教学的价值、困境及路径[J].民族教育研究,2020(6):24-30.

王少非.新课程背景下的教师专业发展[M].上海:华东师范大学出版社,2005.

吴立宝,许亚桃,代俊华.学校文化建设的问题及对策[J].教学与管理,2021(13):11-13.

肖茂红.规则教育:引导学生做守规矩的人[J].中国德育,2015(7):22-23.

谢维和.深化中小学课程改革的路径选择[J].人民教育,2015(5):38-41.

辛涛,姜宇,刘霞.我国义务教育阶段学生核心素养模型的构建[J].北京师范大学学报(社会科学版),2013(1):5-11.

徐炳钦.教育规律中小学教育理论[M].北京:新华出版社,2018.

严春凤.推行学生自主管理,丰富德育工作手段——小学生自主管理初探[J].教育界,2020(30):6-7.

杨燕燕.小学生社会实践活动管理与对策研究[D].石家庄:河北

师范大学，2022.

叶宝祥，毛齐明.学生自主发展的基础素养及其小学分段培养目标［J］.福建教育学院学报，2022（1）：38-41.

叶澜等.教师角色与教师发展新探［M］.北京：教育科学出版社，2001.

叶澜.基础教育改革深化之路怎么走？［J］.人民教育，2015（11）：60-62.

叶子，庞丽娟.师生互动的本质与特征［J］.教育研究，2001（4）：30-34.

殷晓静.校本课程开发中学生地位与作用的思考［J］.当代教育论坛，2003（7）：102-103.

张相乐.论自律教育［J］.高等教育研究学报，2004（01）：22-24.

张增田，靳玉乐.论新课程背景下的对话教学［J］.西南师范大学学报（人文社会科学版），2004（5）：77-80.

赵书红.新课程背景下中小学教师自主发展研究［D］.石家庄：河北师范大学，2007.

中共中央马克思恩格斯列宁斯大林著作编译局编.马克思恩格斯全集第9卷［M］.北京：人民出版社，1961.

钟启泉.现代课程论［M］.上海：上海教育出版社，2003.

钟启泉，张华等主编.为了中华民族的复兴，为了每位学生的发展［M］.上海：华东师范大学出版社，2001.

朱永新.家校合作激活教育磁场——新教育实验"家校合作共育"的理论与实践［J］.教育研究与评论，2017（5）：5-21.

朱永新.教育：创造无限可能［M］.青岛：青岛出版社，2020.

图书在版编目(CIP)数据

一切为了学生自主发展：小学教育的探索与创新 / 陆颖姝著 .— 上海：上海社会科学院出版社，2023
 ISBN 978-7-5520-4273-3

Ⅰ.①一… Ⅱ.①陆… Ⅲ.①小学教育—教育研究 Ⅳ.①G622.0

中国国家版本馆CIP数据核字(2023)第224148号

一切为了学生自主发展
——小学教育的探索与创新

著　　者：	陆颖姝
责任编辑：	周　霈
封面设计：	杨晨安
出版发行：	上海社会科学院出版社
	上海顺昌路622号　邮编200025
	电话总机 021-63315947　销售热线 021-53063735
	http://www.sassp.cn　E-mail: sassp@sassp.cn
照　　排：	南京理工出版信息技术有限公司
印　　刷：	上海颛辉印刷厂有限公司
开　　本：	710毫米×1010毫米　1/16
印　　张：	14.25
插　　页：	2
字　　数：	174千
版　　次：	2023年12月第1版　2023年12月第1次印刷

ISBN 978-7-5520-4273-3/G·1282　　　　　　　　　定价：78.00元

版权所有　翻印必究